남편이 군인이어도
나는 잘 살고 싶었다,

성지연 김소혜 강아란

남편이 군인이어도 나는 잘 살고 싶었다,

초판 발행 : 2025년 10월 10일 초판 1쇄
지은이 : 성지연, 김소혜, 강아란
교정교열 : 최준호
펴낸 곳 : (주) 드림벙커
주소 : 인천광역시 서구 청라에메랄드로 102번길 8-22
홈페이지 : www.dreambunker.com
이메일 : dreambunker9@gmail.com
등록일자 : 2025년 01월 24일
등록번호 : 제356-2025-000005호
ISBN : 979-11-991611-5-3(03320)

이 책은 저작권법에 따라 보호를 받는 저작물이므로 무단 전재와 무단 복제를 금지하며, 이 책의 전부 또는 일부를 이용하려면 반드시 저작권자와 (주) 드림벙커의 동의를 받아야 합니다.

남편이 군인이어도
나는 잘 살고 싶었다,

성지연 김소혜 강아란

목 차

성지연

01 남편의 전역, 진짜 내 인생!
- 10 시작하며...
- 14 전역이라는 두 글자가 가져온 혼란
- 20 경제 개념이 없었던 나

02 N잡러 수익화로 돈 버는 방법
- 28 1단계 : 군인 특별공급으로 서울 아파트 청약 당첨
- 35 2단계 : 단기 임대, 집이 수익이 되다
- 50 3단계 : 클릭이 돈이 되는 세상, 쿠팡 셀러 도전기
- 68 4단계 : 정부 지원사업으로 도약하다
- 75 어떻게 하면 즐겁게 돈을 벌 수 있을까?

03 인생이 달라지는 3가지 법칙
- 80 법칙 1. 마음만 바꿔도 기회가 찾아온다
- 87 법칙 2. 한 분야의 책을 단기간에 30권 소화하라
- 89 법칙 3. 하고자 하는 곳에 연락하라
- 91 당신도 할 수 있다, 평범함의 위대한 도전

...

김소혜

01 잘 나가는 커리어 우먼
- 94 나는야, 경력 10년의 베테랑 음악 강사
- 98 군인 남친, 강원도에 발령받다. 우리 결혼할 수 있을까?
- 101 결혼 후, 이제 나는 어떡하지?

02 나를 알고 찾아가는 과정
- 106 희생이 아닌 나의 선택 : 생각 바꾸기
- 110 나를 만나는 시간
- 114 자유로이 도전하다

03 보육교사에 대해서
- 122 아이와 하루를 살아내는 사람
- 131 교사도 돌봄이 필요하다

04 막막한 현실... 하지만 행동한 적은 있는가?
- 138 불평만으로는 바뀌지 않는다
- 142 시작은 작아도 괜찮아
- 146 당신의 걸음을 응원합니다

...

강아란

01 예상치 못한 삶, 그속에서도 나답게
- 152　시작하며...
- 154　변수 속에서 시작된 연애와 결혼
- 157　끝없는 기다림 속에서 찾은 나의 하루
- 161　엄마가 된 순간, 내 삶의 무게도 달라졌다.
- 168　나를 채워간 작은 시작들

02 삶의 무게를 딛고, 도전으로 나아가기까지
- 174　외벌이의 무게, 버티지 말고 움직여라.
- 182　군인복지, 작은 혜택이 큰 힘이 된다.
- 185　커리어는 환경이 아니라, 도전이 만든다.
- 191　끝이 아니라, 다시 시작의 기회다.

03 내 안의 힘으로, 흔들려도 무너지지 않게
- 199　감정을 다스리는 힘
- 203　하루를 움직이는 힘
- 205　미래를 여는 힘
- 209　에필로그

부록

군인가족 필수 지식

214	군인가족을 위한 군인이사 A to Z <김소혜>
224	군인회관 이용 가이드 <김소혜>
228	항공사별 군인 할인혜택 총정리 <강아란>
230	군인 가족 출산 육아 지원 제도 총정리!<강아란>
234	군인 가족이라면 꼭 알아야 할 용어 <성지연>
238	군인 가족이라면 누려야 할 혜택 <성지연>

성지연 01
남편의 전역,
진짜 내 인생!

시작하며...

나는 원래 평범한 군인 가족이었다. 남편의 진급과 연금이 우리 가족의 미래를 보장해 줄 거라고 믿었고, 나중에 되면 서울의 집도 사고 내가 꿈꾸던 삶을 당연히 살게 될 거로 생각했다. 그 생각으로 특별히 뭔가 내 삶을 나아지게 할 생각은 하지 않고, 살림과 육아, 여가에만 전념하며 살아왔다.

그런데, 예상치 못한 순간이 찾아왔다. 남편이 갑자기 조기 전역을 하겠다는 것이었다. 그 순간은 평화롭던 내 삶을 송두리째 뒤흔들었다. 고생하는 남편이 불쌍하면서도, 당장 내 앞길에 무엇을 해야 살 수 있을지 알 수 없어 두려움이 가득했다.

그러나 그 위기가 나를 새로운 길로 이끌었다. 며칠 동안 밤을 새워 울고 걱정만 했지만, 그 충격이 나를 변화하게 했다. 나는 책을 읽기 시작했고, 뭐라도 해야 한다는 절실함 속에서 다양한 경제, 경영, 투자 지식을 습득하고 실천에 옮기기 시작했다.

그 결과, 지금 글을 쓰는 시점 기준, 이번 달 세금을 제외한 실수령액으로 2,000만 원 이상을 벌었다. 전역한 남편의 월급은 군인 시절과 크게 다를 바가 없으니, 그때와 비교해 4배 이상의 돈을 벌게 된 것이다. 예전이었으면 전혀 상상조차 하지 못할 일이다. 그러나 지금은 이게 당연한 현실이고, 전역한 이후부터 지금까지 내 수입은 계속 늘어나고 있다. 오히려 지금보다 더 많은 돈을 벌고 더 자유로워질 미래의 나를 떠올리며 더 기대된다.

요즘 내 삶은 너무 행복하고 단순하다. 새벽 5시 20분에 일어나서 수영장으로 가서 1시간 수영을 한다. 수영을 하고 와서, 내가 읽고싶은 책을 읽고 여유를 즐기다가 아이들이 일어나면 학교와 어린이집을 보낸다. 그 이후 개인 사무실로 가서 하루동안 온라인 쇼핑몰 판매를 확인하고, 내가 조치할 일은 없는지 확인 후, 다음 판매할 물건들을 찾으면서, 계속해서 자동으로 돈을 벌어줄 시스템을 셋팅하고 업그레이드 한다. 그리고 나를 더 발전시켜줄 강의를 듣거나 책을 읽는다. 요즘은 유튜브 및 광고와 관련한 강의나 책에 집중하고 있다. 내 다음 사업의 방향성이 거기에 있기 때문이다. 그리고 정부지원사업에 선정되어 베트남에 가서 판매하고 홍보할 내 브랜딩 상품을 검토하고 발표자료 및 홍보자료를 수정 및 추가한다.

이렇게 내 하루의 할 일들을 다 할 무렵이면 자녀들이 집에 돌아올 시간이 다가온다. 그러면 자녀들과 함께, 그리고 남편과 함께 저녁을 먹고 가고싶은 곳을 가거나, 집에서 같이 책을 읽거나, 주변에 산책을 가고 서로 대화하고 놀다가 잠이 든다. 이 모습은 내가 예전부터 꿈꿔왔던 삶이라 더욱 감사하고 행복하다. 그리고 이렇게 가족과 충분한 시간을 보내는 데도, 내 자산은 나날이 늘어간다. 쇼핑몰 판매금액은 계속 상승하고, 투자해놓은 주식은 알아서 시간이 지나면 상승한다. 그리고 무엇보다 가장 큰 기쁨은 단순히 자산만 상승하는 게 아닌, 내 마음의 여유와 성숙도가 나날이 커지는 것이다.

이 책에는, 앞서 설명했듯이 남편의 갑작스런 전역으로 밑바닥까지 갔던 내 상황과 마음을 어떻게 극복하고 성장해서 지금에 이르게 되었는지에 대한 내용들이 담고 있다. 전역을 결심한 이후, 어떻게 무엇을 준비해서 공부하고 도전을 하게 되었는지, 서울 신축아파트 분양을 받아서 판매한 것부터 주식을 통해 수익을 본 이야기, 단기임대사업을 통해 자산을 상승한 일, 쇼핑몰을 통해 많은 돈을 벌게 된 일, 나만의 브랜드 제품을 만들기 시작하면서 정부지원사업에 선정되고 해외출장까지 준비하게 된 일 등 전역을 결심하면서부터 지금까지의 내 모든 일들을 담았다.

매번 느끼지만, 그동안 내가 해왔던 일들을 보면 내가 한 게 맞는지 생각이 들 정도로 믿기지 않는다. 매일 남편이 오기만을 기다리고, 돈을 벌기는커녕 쓰기만 하던 내가 이렇게 돈을 벌고 다양한 일을 하게 될 줄은 상상도 못 했기 때문이다. 나는 음악 전공을 해서 그전에 사업이라고는 해보지도 않았고, 사업에 관련된 것을 배워보지도 못한 평범한 주부였기 때문이다. 앞서 내가 했던 내용들은 뭔가 다른 특별한 사람들만 할 수 있는 영역이고, 나는 절대 그렇게 될 거라고는 생각조차 하지 못했었다. 그러나 이제는 이게 나의 모습이고, 앞으로 더욱 성장하게 될 것을 확신한다.

그리고 평범한 주부였던 내가 이렇게 변했듯이, 이 책을 읽는 당신도 분명 이렇게 될 수 있을 것이라 믿어 의심치 않는다. 이 책은 특별한 사람이 비범한 일을 하는 내용이 아니라, 지극히 평범한 사람이 비범한 일을 할 수 있는 내용을 담은 책이다. 지금도 전국 각지에서 고생하고 있는, 과거의 나와 같은 군인 가족들이 이 글을 보고 용기를 얻어서, 지금의 나와 같이 즐겁고 가슴 뛰는 삶을 살길 바라며 이 책을 드린다.

전역이라는 두 글자가 가져온 혼란

남편의 전역은 안일하게 살았던 내 과거를 반성하고, 경제문맹이었던 나의 현실을 직시하게 된 계기가 되었다. 그저 남편의 월급으로만 가계를 운영하고, 추가소득없이 버는 돈을 다 소비만 했으니 부를 이룰 수 없는 상황이었다. 막막한 내 상황에서 이제 어떻게 살아야 할지 고민하게 됐다.

"아이들 등원하고 같이 점심 먹는 건 어때요?"

평소 가족보다 더 자주 만났던 친한 군인 가족들에게서 연락이 왔던 그날, 약속 시간을 앞두고 마음이 무거웠다. 만나서 어떤 말을 해야 할지 웃을 수나 있을지 그야말로 마음에 돌덩이가 내려앉은 기분이었다. 그동안 미래에 대한 걱정 없이 살아왔는데 이제는 어떻게 살까에 대한 미래에 대한 두려움과 불안이 나를 사로잡았다. 같이 즐겁고 편하게 만나려는 만남이 너무 어려운 시간이 됐다. 나는 원래 감정 표현도 잘하고 반응도 큰 편인데,

그 날은 내 마음이 굳은 것처럼 이전의 편한 모습이 잘 나오지 않았다.

　단순히 전역 자체가 문제가 아니었다. 지금 당장 전역하는 이 시점이 나에게 문제였다. 이제 막 소령이 된 남편이 전역을 하겠다는 말은 눈앞을 캄캄하게 만들었다. 생도 시절에 만나 위탁 교육, 훈육 장교, 육대 정규반, 최전방 부대 작전 병과에 있는 남편의 위치는 가장으로써 든든한 자랑이자 안정감을 주었다. 주변에서는 다들 남편의 자리를 좋은 자리라고 하는데, 남들이 좋다는 그 자리를 왜 내려놓겠다는 거지? 다른 남편들도 각자의 자리에서 힘들어하지만 실제로 전역 신청을 하는 사람은 없던데, 남편만 왜 그러는 거지? 도무지 이해할 수가 없었다. 미래는 누구나 장담할 수 없지만, 열심히 나름 잘 근무하는 남편 덕분에 이 정도면 괜찮은 삶이지 라고 만족하며 살았기 때문에 더욱 그런 생각이 들었다.

　전역하기 전 내가 살던 군인 아파트는 춘천에서 40분 거리였다. 부대는 집에서 1시간을 더 올라가야 하는 최전방이었다. 한 달에 많아야 2, 3번 내려올 수 있었다. 이것도 그전에 비하면 훨씬 많이 올 수 있는 거라고 했다. 가뜩이나 얼굴 보기도 어려운데 휴가도 2박 3일이 짧게 느껴졌다. 그런 상황에서 한 명은 이제 입학한 초등학생, 한 명은 유치원생인 자녀들과 하루하루를 보냈다. 저녁 먹기 전에 퇴근해서 하원한 아이들과 놀이터에 와서 같이 시간을 보내는 타 간부 가족들을 보면 그 모습이 그렇게나 좋아 보였다. '나는 언제쯤 저런 시간을 가질 수 있을까? 함께 살려고 결혼했는데 얼굴조차 보는 것도 어렵네.' 속으로 생각하며 일상을 지냈다.

이런 생각들을 하며 굳어있는 나의 표정에, 무슨 일 있냐며 물었다.

"저희 남편 전역한대요. 전역 신청서 냈대요."

이 이야기를 들은 대부분이 나와 같은 반응과 마음이었다. 본인이라면 절대 반대할 거라고, 강력하게 반대할 거라고 나가서 뭐 먹고 살 거냐고. 밖에 나가서 돈 버는 게 얼마나 힘든지 몰라서 그런다고 했다. 주변에서 이런 이야기를 들으면 들을수록 참 속이 탔다.

하지만 결국, 내 마음을 어떻게 어디서부터 정리해야 할까. 어느 것이 중요할까의 문제였다. 본질은 무엇일까. 진짜 중요한 것은 무엇일까? 선택의 갈림길에서 기준을 어느 것에 둘 것인지에 집중했다.

내가 왜 전역에 대해 두려워할까? 안타까운 이유는 무엇일까? 그 이유를 찾기 시작했다.

첫째, 남편도 고생하지만, 독박 육아하는 나도 이렇게 버티고 있는데 남편이 때려치운다니 이해가 안 됐다.

둘째, 모두가 그 진급 자리를 가고 싶어 하는데 그걸 내려놓는다니.

셋째, 당장 다음 직장이나 직업이 정해지지 않은 상태에서 전역을 신청하겠다니 환장할 노릇이었다.

넷째, 당장 내 집 하나 없고, 준비된 자산도 없는 상태에서 무슨 배짱으로 군대를 나가겠다는 건지.

충분히 준비된 상태에서 나가는 것도 아니고, 뭐 다짜고짜 때려치우겠다는 말로밖에 안 들렸다. 지금, 이 글을 읽고 있는 여러분에게 질문하고 싶다. 여러분이 나와 같은 상황이었다면 배우자가 전역한다고 했을 때 지지하고 응원할 수 있는지 물어보고 싶다. 이 부분은 쉽지 않은 결정이었다. 결혼했고, 아이도 둘 있다.

외벌이였고, 심지어 나는 직장 생활을 해본 적도 없다. 이미 식비, 관리비, 교육비 등 고정 지출만 해도 월급 대부분을 차지하고 있었다.

전공을 살려서 간간이 프리랜서로 활동하기는 했지만, 안정적인 수입원이 되기에는 턱없이 부족했다. 남편이 전역하겠다고 할 때 1초의 망설임 없이 "그래! 좋아."라고 한 번에 말할 수 있는 사람이 얼마나 될까. 고심 끝에 나는 결정했다. 내 처지가 아닌 남편의 처지에서 생각해 봤다. 아내와 자녀 둘이 있는 가장이, 현재 위치에서 그나마 최선의 상태이고 안정적이라고 말할 수 있는 군대를 벗어나 전역을 결심했을 때는, 분명 큰 이유가 있을 것으로 생각이 들었다.(사실 남편이 그당시 다양한 이유를 말해줬지만, 귀에 들리지 않았다.) 그런 본인이 이러한 결정을 하기 위해 이야기를 꺼내기까지 얼마나 많이 고민했을까. 라는 생각이 들었다.

먼저, 내가 안정적인 수입을 원하고, 남편의 명예로운 직책을 포기할 수 없어서 그냥 묻지도 말고, 따지지도 말고 계속 군 생활을 하라고 했다고 치자. 그로 인해서 남은 군 생활 기간의 여정을 거쳐서 내가 원하는 자리에 갔다고 해도 그것이 남편과 나의 진정한 행복이 될 것인가. 그 고생의 대가를 정말 기쁘게 받아들일 수 있을까. 아무리 생각해도 부부가 함께하는 과정에서 남은 삶을 그렇게 보내게 하고 싶지 않았다. 모두에게 주어진 인생의 시간은 한정적이다. 우리의 젊은 날을 어떻게 하면 의미 있게 사용할 것인가에 대한 고민을 했다.

그런 생각들을 하며 어느정도 내 마음이 진정이 되자, 함께할 날은 아직 많은데 우리 부부가 가장 젊고, 가장 아름다운 이때 당장 하고 싶은 것이 생겼다면, 그 마음의 소리를 따라가 보자라는 생각이 들었다. 전역 신청 당시 30대 중반이었다. 남편이라면 뭘 해도 잘할 사람이라고 생각했다. 사실 그 마음 뒤편에는 군대 밖을 나가서 뭐라도 잘할 거라고 다른 사람한테 말하면서도 제발 잘해주길 바라는 절박한 마음도 컸다. 맨땅에 헤딩하더라도 남은 여정을 어차피 평생 같이하게 될 텐데 한 번 믿어보자. 그래서 내가 전역 신청을 지지한 것도 이런 이유였다.

스스로 본인이 군대에 계속 있고 싶어 한다면 상관없었을 문제고, 고민의 여지도 없었을 것이다. 전역을 망설인 이유가 나 스스로 남편에 대한 명예의 욕심과 현실적인 경제적 문제로 불안하기 때문이 아닌가. 명예에 대한 건 생각 정리가 되었으니 이제 경제적 문제를 해결하면 되겠다. 경제적 문제만 해결된다면 나의 불안한 마음을 다스릴 수 있겠다는 결론이 나왔다. 그렇다면 나는 이 불안을 어떻게 해결할 것인가에 대해 탐색하기 시작했다.

지금에서야 남편이 계속 군 생활을 했다면 지금의 나는 없었고, 내 삶의 변화는 없었을 것이다라고 이야기 할 수 있지만, 이때의 나는 참 어렵고 폭풍전야와 같은 마음이었다.

경제 개념이 없었던 나

처음 신혼 시절 뭣 모르고 남편에게 했던 말이 있다.

"나는 한 번 인생 사는 거, 멋지게 살고 싶어."

이 말의 의미는 '우리 욜로 You Only Live Once 로 살자. 지금 갈 수만 있다면 해외여행이든 호캉스든 다 누리며 살자. 사고 싶은 것, 먹고 싶은 것 마음에 들면 다 사는 게 어때?'라는 뜻이었다. 나는 정말 경제에 무지했다. 남편은 내가 원하는 대로 다 이뤄주기 위해 항상 뒤에서 내색도 안 하고 몰래 카드값을 갚아주고 있는 것도 몰랐다. 그게 깊은 고질병인지도 몰랐다.

나는 보상 심리로 인한 소비를 많이 했다. 군에서 일도 많고 자주 못 보는 남편이랑 함께하는 시간도 부족하고, 나는 나대로 떨어져서 혼자 독박 육아를 잘하고 있어. 그러니 이 정도는 돈을 쓰는데 자격이 있지. 당연히 누릴 수 있는 권리야 라고 생각하며 살았다. '이것은 아이들한테 필요해'라고 핸드폰 원터치 결제로 고민 없이 쇼핑하고, '오늘은 좀 요리하기 귀찮아', '좀 피곤한 날이야. 음식도 시켰으니, 커피도 같이 배달 주문해야겠어', '어차피 재료 장보고 요리하는 비용이랑 비슷해', '나는 육아는 잘할 수 있는데 요리하는데 서툴고 오래 걸려서 힘드니까 그거 하다가 진이 빠질 바에는 편한 길을 택할래' 그리고 '오늘은 남편이 있으니까 맛있는 맛집이나 가서 먹자' 이런 식으로 외식을 했다. 그리고 내가 요리해서 다듬고 하는 에너지에 쏟을 바에 배달앱에서 시켜 먹는 건 훨씬 더 효율적이야. 충분히 누릴 자격 있다며 합리화했다.

남편의 위탁 교육 기간 방학마다 해외여행을 갔다. 기회는 이때다 생각하며 먼저 미국에 갔다. 신나서 뉴욕행 항공권을 끊고, 플로리다 디즈니 리조트 예약하고, 인디애나행 비행기까지 예약했다. 당시 첫째가 1년 6개월 정도 됐을 때였다. 아기띠와 기내 반입 가능한 휴대용 유모차와 함께 15시간 장시간 비행 거리도 이겨냈다. 짧은 기간 동안 여러 주를 넘어 다니며 이동도 많았는데 힘들지 않았다. 본인이 좋아하는 걸 하면 힘든 부분은 상쇄되듯이 주변에서 다들 아기 데리고 그 멀리 어떻게 가냐고 할 때 전혀 힘들지 않았다. 일단 아기를 돌보면서 가는 것보다 내가 해외여행 간다는 자체가 더 에너지를 주었기 때문이다. 뒤돌아보면 힘들게 하는 주변 상황보다 무언가 나를 일으키는 원동력이 있다면 박차고 나가는 기질은 그때부터 있었나 보다.

다음은 프랑스와 스위스였다. 각각 해외여행을 갈 때마다 10일에서 14일 정도 다녀왔다. 프랑스 파리에서는 화가가 살았던 저택에서 몇백 년 전통을 이어오는 식당을 운영하고 있었다. 그런 곳은 간 김에 꼭 가야지. 에펠탑을 보며 야경에 크루즈도 타고 박물관도 가야지. 베르사유 궁전은 외곽에 지하철 타고 무조건 가봐야지. 그런데 프랑스 파리에는 지하철도 계단밖에 없어서 아기띠 하고 유모차도 접었다 폈다가 들고 다니고, 도보에 돌이 어찌나 많은지. 이 불편함도 감수할 만큼 다녀온 나도 참 대단하다. 항공권은 말할 것도 없이 몇백만 원 단위였고, 가서도 숙박, 식사, 대중교통, 쇼핑 등 대략 2년 동안 3천만 원 정도가 들었다. 그리고 겨울엔 추우니까 동남아 휴양지에 가야지. 동남아에서도 가장 좋은 리조트. 올 인클루시브 코스로 예약해서 가서 스노클링 액티비티하고 푹 쉬다가 오는 거야. 이런 마음으로 해외여행을 다녀왔다. 그 시절이 2017년이었다. 부동산 구매하기 제일 좋은 시기. 이렇게 아무것도 모른 채 황금알을 낳는 돈들을 흘려버렸다. 자산을 만들어갈 수 없는 상태의 끝판왕이었다.

그다음 자운대로 이사를 가니 마음에 잘 맞는 가족들을 많이 만나게 되었다. 자운대 안에 골프 연습장이 있다. 거기서 속성으로 골프를 배우고, 군 필드를 나가는 게 자운대와 계룡 인근 지역으로 가는 최고의 혜택이었다. 엄마끼리 아이들 하원은 서로 번갈아 가면서 맡아줬다. 심지어 아침일찍 필드에 나가는 날이면, 공부하느라 바쁜 남편에게 아이들 등원까지 시키며 신나게 골프를 쳤다. 1년 동안 살면서 근처 있는 군 골프장을 10회 이상 다녀왔다. 골프하면 그냥 가는 게 아니다. 레슨비, 골프채 세트 구비, 골프웨어, 골프 액세서리, 필드 비용, 카트, 캐디비, 끝나고 식사 비용까지 엄청난 소비를 했다. 군 골프장 이용비가 저렴할 뿐이지 그에 따르는 2차 소비는 계속 이어졌다. 사진도 포기할 수 없지. 마음에 드는 사진은 프사에 올리며 '군 가족은 이런 면이 좋아. 나는 군인 가족이라 골프하면서 즐겁게 지내.'라며 나의 허세를 은연중에 내비쳤다.

그러던 와중에, 군인 가족 10년 차 전후가 되니 주변에 하나 둘씩 집을 사는 동기들이 늘어났다.

"여보, 우리도 집 사자. 언제 살 거야?"

내가 소비하는 건 생각하지 않으면서 철없는 말을 많이 했다. 남편은 이 말을 들을 때마다 엄청나게 부담스러워했다. 당장 카드값도 갚기에 빠듯한데 집이라니. 나중에 군인공제회 적금한 거로 보태서 사준다고 했다. 나도 재테크에 대해서 잘 모르니까 그렇구나. 나중에 군인공제회에서 받는 돈이랑 연금이랑 높아진 연봉으로 살 수 있겠다는 막연한 기대를 하고 지냈다. 그때를 생각하면 정말 아찔할 정도로 하루살이 같은 삶을 살았다. 집을 사고 싶다면 지금 내가 보유한 자산과 지출 통제, 구할 수 있는 매물을 파악해야 한다. 이런 것 하나 모르면서 그저 집은 나중에 언젠가는 살 수 있겠다는 생각으로 살았다. 남편도 이때까지 경제를 전혀 몰랐다.

성지연 02
N잡러 수익화로
돈 버는 방법

1단계 : 군인 특별공급으로 서울 아파트 청약 당첨

'돈을 벌려면 무엇을 해야 할까?'

사람은 각자마다 이끌림이 다르다. 나는 먼저 부동산으로 자산을 형성하고 싶었다. 남편이 전역하기 전에 기회를 쓰고 싶었다. 남편은 20년 뒤에 군인 특공을 사용하면 된다고 했다. 경제를 잘은 모르지만, 그때 되면 화폐가치가 떨어져 더 비쌀 것 같았다. 마냥 남편만 기다리는 게 힘들었다. 2020년에 아파트 청약이 너무 되고 싶어서 3개월 코스로 듣는 강의를 들었다. 당시 청량리역 롯데캐슬 SKY-L65 아파트 36평 분양가 9억이었다.

그때 강사님이 수강생들한테 이렇게 말했다. "여러분, 이거 지금 비싸다고 생각하죠? 아니에요. 3년 뒤에 완성되면 이 가격 주고 못 사요. 여기 천지개벽해요. 지금 당첨 안 된 분들 추가접수하는 날 서류 들고 무조건 줄 서세요."라는 것이었다. 정말 이해가 안 됐다. 어떻게 9억이 저렴하다는 거지? 비슷한 시기에 송도 크리스탈오션자이도 분양했었다. 온라인 모델하우스를 보여주면서 평수 가늠하는 법을 알려주었다. 온라인 모델하우스는 바닥 크기를 보면 파악하기 쉽다고 했다. 드레스룸이나 화장실 또는 방 내부 크기를 확인하려면 바닥을 향하게 해서 파악하면 된다. 분양하는 배치 동을 보여주면서 해는 어떻게 들어오고, 어디가 좋은 동인지 설명해 주면서 84타입 6~7억 하나도 비싼 거 아니에요라고 하셨다.

아무리 생각해도 그 당시에는 '와, 말도 안 돼. 나만 돈 없나? 다 너무 비싼데 대출 규제 때문에 대출도 안 나오는 집을 누가 산다는 거야.' 하면서 그냥 흘려듣고 지켜보기만 했다. 허무맹랑하고 말도 안 된다고 생각했다. 그런데 나오는 족족 완판이 됐다. 2025년인 현재 L65 매매가는 18억-22억 사이에 거래되고 있다. 이 당시만 해도 내 생각과 현실적인 준비가 안 된 상태에서 이곳저곳 기웃거렸으니, 아무리 옳은 이야기를 들어도 실행하지 못했고, 인생의 변화가 없었다.

이후 군인공제회에서 진행한 파주 운정퍼스트자이 84타입에 지원했으나 떨어졌다. 그리고 결국 3년 뒤, 청량리 옆에 있는 외대역 4321세대 이문 휘경 뉴타운 재개발된 이문아이파크자이 25평을 9억에 주고 일반 분양을 받게 되었다. 돌이켜보면 내가 상상하는 것 이상의 빠른 속도로 시간이 갈수록 화폐 가치는 떨어진다. 그래서 젊으면 젊을수록 빨리 자산에 투자하는 사람이 빨리 승리한다. 이것은 학벌이나 능력과는 전혀 상관없다. 오히려 재테크에 얼마나 먼저 진입했느냐에 따라 차이가 발생한다.

국군 복지단에서 군인 특별공급 청약을 했다.

남편이 전역한다고 하니 우선은 공고문이 나오는 대로 서울 아파트만 노렸다. 입지 좋고 인기 많은 곳에 지원했다. 당연히 떨어졌다. 강남, 용산 상급지는 이미 연차 높은 선배님들이 당첨됐다. 12년 차 점수로는 전략이 필요했다. 일단 서울 아파트 청약을 하면서 센 경쟁률은 피하는 지역을 택했다. 용산도 떨어지고, 광진구 구의역 롯데도 떨어졌다. 그다음 청약 공고가 올라온게 메이저 브랜드 건설사였다. 당첨은 되지 않았다. 그런데 이번에 예비가 나왔으니, 다음에는 왠지 될 것 같은데 하는 생각으로 다시 지원했다. 예비 당첨이 된 곳은 같은 지역 뉴타운에서도 역과 거리가 있다. 내가 지원했던 55타입은 방도 2베이 옛날식 구조였다. 배정된 동을 보니 구석진 곳 산 밑 옹벽 옆이었다. 해도 잘 들지 않는 위치였다. 휴, 그때 당첨되지 않은 게 천만다행이었다.

계속 청약에 도전했다. 드디어 당첨됐다.

와! 내 생애 첫 부동산이라니 너무 벅찼다. 내가 이제 내 집을 갖는구나. 너무 행복했다. 그렇게 원하던 내 집 마련이라니. 그러나 당첨 사실을 알리자, 몇몇을 제외한 주변 사람들 대부분이 반대했다. 지금은 아파트 사면 안 된다느니, 분양가 비싸다느니 거기 입지는 안 좋다느니 혼란스러웠다. 어떻게 당첨된 청약인데 이제 와서 당첨을 포기하면 그냥 날아가 버리는 선택의 기로에 마주하게 됐다. 실제로 그 당시에 분양가가 그 지역 중에서 높은 편에 속했다. 내가 분양받은 아파트는 뉴타운 지역이라 재개발로 이루어진 아파트였다. 이 주변에 좋은 대학이 많은데 지인들도 그 지역에 왜 투자하냐고, 만약 자기가 당첨됐다면 거기 매수하지 않겠다고 그랬다. 오히려 강남 이남 아래 지역을 추천했다. 왜냐하면 그 동네가 엄청 오래된 지역이었기 때문이었다. 맞는 말이었다.

당첨 전에 어디를 지원할지 말지 고민하는 게 아니라 이미 아파트 당첨이 되었기 때문에 분양 계약을 할지 말지에 대한 결정을 해야 했다. 당첨된 후 모델하우스 보러 가는 길도 이주민들이 다 이주한 상태였기 때문에 동네 인적이 없고 분위기가 스산했다. 근처 역 주변에 주차하고 부모님 모시고 가는 내내 탐탁지 않아 하셨다. 여기는 동네 분위기도 마음에 안 들고, 분양가도 높고, 평수도 좁아서 별로라고 하셨다. 덧붙여서 너희가 대출금 갚는 삶이 얼마나 힘든지 아냐면서 하지 말라고 그러셨다.

부모님은 경험을 토대로 나를 당신 스스로에게 투영해서 대출 갚는 딸의 부담이 걱정되니 나에게 진행하지 말라고 하셨다. 부모님의 말씀을 들으면서 마음 한구석에서는 '아닌데 해야 할 것 같은데 서울 아파트 분양 받으면 시간이 흐르면 무조건 우상향인데'라는 마음이 꿈틀거렸다. 100% 확신이 없으면서 왠지 모를 마음이 요동쳤다. 그렇기에 계약금 넣기 전까지 많은 고민을 했다.

최종적으로 리치 군인 카페에 조언을 구했다. 고민 끝에 가지고 가기로 했다. 계약금을 내야 하는데 전역을 앞두고 2천만 원 현금이 있었다. 남편이 1금융권 은행에서 신용 대출을 받았다. 군인은 안정적인 월급으로 신용도가 높은 직업군이기 때문에 대출이 잘 나온다. 대출 실행하기 전에 여러 은행과 지점을 다녀보는 것을 추천한다. 은행마다 대출 직원마다 역량도 달라서 대출 한도도 다르게 나온다. 계약금 10%를 내고 아파트 분양 계약을 했다. 목표가 생겼다. 중도금 대출이 실행되는 동안 나머지 잔금을 벌자. 잔금을 입주 시점까지 모아야 하는 목표가 생기니 내가 성장할 수밖에 없는 동력이 생겼다. 수입원을 만들자. 현금 흐름을 만들자. 이때가 아마 나의 원동력의 시작점이었다.

　이 아파트 청약은 우리 가정의 자산 형성에 큰 도움이 되었다. 계약 당시에는 계약자는 남편 명의였다. 중간에 공동명의로 변경했다. 공동명의의 장점은 매도할 때 세금 감면이 된다. 6억씩 증여가 된다고 하니 분양사무소에 남편과 같이 가서 인감도장과 인감증명서를 가지고 공동명의로 변경하러 갔다. 입주 시점이 다가와서 우리 부부는 청약 당첨된 이 아파트 분양권을 피를 받고 매도했다. 계약금 1억으로 9억짜리 집을 계약하고, 시세가 14억이 되는 것을 보면서 바라만 봐도 배가 불렀다.

　원래 입주 시점 6개월 전만 해도 팔 생각이 전혀 없었다. 어떻게 잡은 기회인데 1억으로 14억 자산을 갖는 게 가능해? 라고 생각했다. 아파트 청약 당첨된 후에는 이 아파트 자산을 이야기할 때마다 우리 부부에게 심리적으로 엄청난 만족감을 주었다. 그도 그럴 수밖에 없는 것이 무주택자에서 10년 동안 원했던 1주택자가 된다는 기대감과 설렘이 얼마나 컸는지 무척 애정이 컸었다. 그러나 경제를 더 공부할수록 그 너머에 있는 것들이 보이기 시작했다. 매도 후 상급지로 갈아타기 위해 다른 곳에 투자했다.

　부동산은 여러 가지 투자 중의 하나일 뿐이다. 포트폴리오를 잘 계획하면 좋은 상급지로 갈아타기가 가능하다. 좋은 곳으로 가기 위해는 미리 아파트 입지 공부를 해두자. 내가 사고 싶은 곳, 현재 자금으로 어디를 선택하는 것이 좋은 것일지. 가지고 있는 현금과 대출 가능 한도는 어떻게 되는지. 알고 있다면 선택지가 넓어진다. 내가 아는 만큼 좋은 기회를 잡을 수 있다. 과거의 지나간 기회에 대해 후회하지 말고 현재에 집중하자. 기회는 언제나 찾아온다. 지금 찾아온 상황이 기회인지 아닌지 아는 방법은 계속 공부하며 그 분야의 시장에 관심을 두는 것이다. 그래야 기회를 알아보고 내 것으로 만들 수 있다.

2단계 : 단기 임대, 집이 수익이 되다

'이걸 진짜 해볼 수 있을까?'

이제 아파트 청약 후 잔금까지 해야 하는 목표가 생겼다. 무엇을 하면서 돈을 벌어볼까? 남편의 군 생활이 마침표를 찍고 여러 가지 경제 활동 중에서 현금흐름을 창출하기에 어느 아이템을 하면 좋을까 고민하던 찰나에 리치 군인 카페에서 단기 임대사업에 대해서 강의를 들을 기회가 있었다. 단기임대 사업이란 내가 월세를 받은 곳을 합법적으로 일주일 단위로 다른 사람에게 전대차를 하여 숙박업을 할 수 있는 사업이다. 강의를 마치고 남편과 상의 후, 우리는 단기 임대를 운영해보기로 했다. 결정적 이유는 내 집 없이 월세 받기가 가능하다. 호스트인 운영자로서 한 번 세팅한 뒤로는 청소 외에 크게 손이 갈 일이 없다. 초기 세팅 비용을 빼면 월세와 공과금을 제외하고는 이후 크게 드는 비용이 없다. 운영 방식에 따라 달라질 수 있으나 월 매출의 40~70%까지

순수익으로 남길 수 있다. 비대면인 무인으로 운영할 수 있다.

삼삼엠투라는 이름의 앱 내에서 소통하고 스마트폰을 통해 호스트와 게스트를 연결한다. 적은 초기투자금 대비 높은 수익률과 필요할 시 청소 인력을 두면 자동화로 운영이 적합하다. 그렇기 때문에 소자본 창업이나 직장인 부업으로도 매력적이다. 안정적인 매출로 초기 투자 비용 회수 시점도 타 업종에 비해 빠른 편이라 부업으로 적합했다. 그래서 한 번도 시도한 적 없었던 분야였지만 도전해보기로 마음 먹고 시작하게 되었다.

내 집 없이 월세 받기

나의 첫 번째 수익화 경험인 단기 임대 삼삼엠투. 당시 강원도 화천에 군인아파트에 살고 있었다. 서울에서 화천까지 막히지 않으면 편도 2시간 이내 막히면 편도 3시간이었다. 급하게 당일치기해서 다녀온다고 하더라도 하루가 금방 지나갔다. 그런데 내가 서울에 가지 않아도 운영이 된다니 매력적인 사업이라고 생각했다. 군인 가족으로 최고의 사업 아이템이었다. 먼저 사업자등록을 했다. 그다음 전자상거래 신청을 했다. 삼삼엠투에 가입해서 호스트 모드로 등록했다. 몇 주간에 걸쳐 입지 분석과 시장 조사를 했다. 삼삼엠투가 제일 잘되는 곳은 단연 서울 지역이었다. 주로 강남 홍대 종로 일대가 인기 있는 지역이다.

경쟁사 분포도 또한 인기 지역에 밀집되어있다. 1호점 오픈 준비를 하면서 사업성과 수익률 계산을 하고 진입했다. 결과는 대성공. 서울에서도 인기 있는 지역이면서 경쟁이 적은 지역을 골라서 오픈했기 때문이다. 이제 오픈하기 전에 시장 조사를 한다. 시장 조사는 집에서도 가능하다. 삼삼엠투 홈페이지나 앱을 통해서 집에서 인터넷으로 충분히 파악할 수 있다. 네이버 부동산이나 호갱노노와 같은 부동산 입지 분석을 자주 했다면 파악하는데 쉽게 할 수 있다. 경쟁사들의 수익 구조를 분석한다. 현재 예약률을 파악하고 현재 어떻게 운영하고 있는지 분석한다. 운영을 성공적으로 하려면 어떤 장점을 살릴지 생각한다. 보는 눈을 기른다.

잘하고 있는 운영자는 어떤 특징이 있는지, 예약률이 낮은 운영자는 왜 낮은지 보는 눈을 기르면 내가 어떤 방향으로 해야 할지 도움이 된다. 시장조사를 마쳤다면 매물을 구하기 위해서는 직접 임장을 가본다. 여러 군데 둘러본 후 운영하기 좋은 곳을 찾으면 계약한다. 나는 지하철 바로 앞에 있는 곳으로 정했다. 트리플 호선이 지나가고 버스 노선도 많아서 대중교통이 잘 되어있는 곳으로 결정했다. 경쟁이 치열한 곳은 배제했다. 왜냐하면, 이미 후기가 많이 쌓여있는 곳에서 신규로 들어가기보다는 입지도 좋은데 경쟁은 덜 한 곳을 찾았기 때문이다.

성공을 부르는 임장과 매물 선택

서울 전 지역을 시장 조사 하다 보면 내가 운영하기 좋은 최적의 위치가 나온다. 부동산 사장님과 내부를 둘러보면서 관리비나 보안은 어떤지 여러 가지 이야기하다 보면 자연스럽게 건물 분위기에 대해 파악할 수 있다. 다양하게 볼수록 비교도 많이 된다. 가격에 저렴해서 보러 간 첫 번째 매물은 바로 패스했다. 월세 5만 원 차이인데 평수도 너무 작았고, 화장실, 싱크대도 너무 낡아 있었다. 그래서 직접 임장하는 것이 중요하다. 같은 건물이라도 각자 사용한 세입자에 따라 화장실이나 싱크대 연식이 같은데도 불구하고 상태도 달랐다. 험한 내부 상태를 보면 운영하는 내내 고객한테 내놓기도 미안할 것 같다는 생각이 들었다. 숙소

내 창문을 열자마자 보이는 게 벽뷰라면? 1주 이상 머무르는 숙소에서 답답함이 느껴질 것 같았다.

두 번째로 본 곳은 부동산 사장님이 1층에서 직접 운영을 하고 있어서 그 건물 대부분은 이 사장님이 관리를 해주시고 거의 다 알고 계셨다. 나는 창문에서 앞이 뻥 뚫린 것처럼 속 시원하게 보이는 뷰를 원했다. 내부를 확인했는데 평수도 두 배나 크고 훨씬 건물 관리가 여러모로 잘되는 느낌이 들었다. 보증금도 비슷하고 월세도 5만 원밖에 차이 안 나는데 말이다. 그래서 잘 관리되는 건물임을 확인하고 그 건물 안에서 3~4개를 더 본 뒤에 계약했다. 이 건물은 로비에서 엘리베이터를 이용할 때 카드 키가 있어야 올라갈 수 있다. 아무나 들어올 수 없는 프라이빗한 점이 마음에 들었다. 치안이나 보안은 필수라고 생각한다. 관리사무소도 관리가 잘 되어있어서 지하 주차장에 추가로 기계식까지 있어서 마음에 들었다. 1층에 편의점도 있어서 편할 것 같았다.

도보로 지하철과의 거리부터 건물과 내부 상태까지 직접 둘러보면 훨씬 도움이 된다. 내가 고객이라면 이곳이 마음에 들까? 편리성, 지하철역과의 접근성, 마트와 가까운지, 편의점이 있는지 여러 요소를 모아서 최종 결정을 한다. 바로 역 앞 대로변 맞은편에는 메이저 건설사에서 지은 매물도 많이 있다. 최근에 지은 신축 건물들은 물론 비교할 수 없을 정도로 컨디션 차이가 크게 난다. 그러나 내가 계약한 매물에 비해 보증금과 월세가 두 배 차이가 났다. 시장가 대비 수익성이 맞지 않아서 진행하지 않았다. 같은 지역에서 운영하더라도 초기 투자금이 많고 적음에 따라 수익률이 달라진다. 초기 투자금이 적을수록 수익률은 늘어난다. 시장 시세는 이미 정해져 있고 고객들이 생각하는 1주 기준 가격이 어느 정도 형성되어있기 때문이다. 그 부분도 고려해서 준비하는 것을 추천한다. 정말 재밌는 운영이었다.

100만 원으로 끝내는 초간단 인테리어

삼삼엠투의 장점은 호스트가 동시다발적으로 여러 호점을 운영하는 데 무리가 없다. 1호점을 안정적으로 운영한다면, 지속적인 성장을 위해 2호점, 3호점, 4호점을 늘려간다. 운영하는 장소만 다를 뿐 프로세스는 동일하기 때문이다. 이렇게 하면 여러 개의 단기 임대를 통해 관리도 어렵지 않고 현금흐름 창출로 파이프라인을 늘려갈 수 있다. 에어비앤비와 달리 게스트가 주 단위로 이용하기 때문에 관리하는 주기도 길다. 그리고 오픈하자마자

상위 노출을 빠르게 올려서 매출을 올리는 데 도움이 되었다. 왜냐하면 조금만 예쁘게 인테리어 세팅을 하고 사진을 예쁘게 찍어서 올리면 높은 예약률과 좋은 후기를 많이 쌓을 수 있었다.

그 다음 중요한 것은 세팅법이다. 세팅은 가성비 셀프 인테리어가 핵심이다. 나는 최소 자본으로 최대 이익을 주는 것이 목표였다. 어떻게 하면 같은 투자금 대비 더 높은 효율을 낼 수 있도록 고민했다. 세팅하는 데 드는 비용은 100만 원 예산을 잡았다. 우선 큼직한 부피가 있는 가구들은 집에 있는 스탠드, 테이블, 의자를 사용했다. 더 필요한 물품들은 당근으로 주변에서 괜찮은 제품이 올라와 있는지 검색했다. 검색했을 때 없다면 키워드 알림으로 설정해 두고 매물이 올라올 때마다 확인했다. 저렴하고 상태도 깨끗하다면 바로 사 왔다. 동생에게도 부탁해서 괜찮은 제품이 있으면 미리 키워드를 공유하고 동생이 보기에도 가격과 상태가 괜찮다면 이체해 주고 물건을 받아달라고 부탁했다. 이보다 더 큰 부피의 가구는 숙소 세팅 당일에 용달을 이용했다.

한 명의 당근 판매자와 한 번에 거래하면 좋겠지만 그런 경우는 드물다. 만약 부피가 큰 가구를 용달로 들인다면 당근 거래자와 차례대로 각각 시간 예약을 한다. 용달 기사님에게 두 곳 주소 알려주고 숙소 도착 전에 두 장소를 들려서 오게 했다. 작은 소품이나 생필품은 다이소에서 구매했다. 그 외에는 쿠팡에서 숙소 세팅하기 전날 한 번에 도착할 수 있도록 주문했다. 그렇게 하면 따로 보관하는 공간이 필요하지 않더라도 효율적으로 세팅 준비를 할 수 있다.

나는 한 공간 안에서 최대한 컬러를 많이 쓰지 않았다. 내가 운영한 공간은 12평 정도 되었기 때문에 고객이 머무르는 동안 공간이 넓어 보이게 될 수 있으면 다른 컬러를 사용하지 않고 화이트 컬러를 많이 사용했다. 그래야 통일감이 있어서 공간이 훨씬 깔끔하게 보인다. 침대, 테이블, 의자, 서랍장, 스탠드, 행거 등 부피가 큰 것들은 대부분 화이트로 했다. 그러면 호텔에 온 것 같은 분위기를 연출할 수 있다. 여기서 포인트는 조명이다. 스탠드로 따뜻한 색감이 나도록 비치해 두는 것을 추천한다. 침대 프레임은 침대 헤드와 양옆에 간접조명이 들어오는 프레임을 선택했다. 그러면 조명을 켰을 때 창가에 비치는 시티뷰와 어우러져 아늑한 분위기가 잘 구현된다.

서울에 갈 일이 있어서 때때로 세컨하우스처럼 출장용으로 사용하기도 했다. 고객은 비용을 결제하고 내가 운영하는 장소에서 시간과 공간을 이용한다. 이용하는 고객에게 만족을 주는 것이 운영자의 기본 태도이다. 기왕이면 내 숙소에서 머무르는 동안 편안하고 좋은 공간이 되도록 노력했다. 수익화뿐만 아니라 고객도 만족스럽고 5점 만점 후기까지 따라올 수 있도록 한다면 더욱 잘 될 거라고 생각한다.

사진 한 장이 만드는 기적: 높은 예약률의 비밀

숙소 세팅이 마무리되었다면 삼삼엠투 홈페이지에 내 숙소를 등록한다. 등록하기 위해서 회원가입을 하고 숙소 정보 제공을 위한 내용을 입력한다. 그중에서 가장 중요하게 생각하는 것은 바로 대표 이미지 사진 등록이다. 누구나 예쁘고 보기 좋은 사진을 먼저 눌러본다. 시각적으로 중요한 부분인 첫 이미지를 클릭하게 만들자! 고객 유입이 될 수 있도록 하는 첫 단계다. 고객은 내 숙소만 보는 게 아니라 다른 경쟁 숙소도 둘러보기 때문이다. 그렇게 탐색 여정을 거친다. 그리고 사진으로 이곳에 있으면 어떨지 상상하면서 보기 때문이다. 사진은 글보다 강력하다. 글로 하는 것보다 더 쉽게 표현할 수 있다. 가능한 많은 사진을 다양한 각도에서 찍어서 올렸다. 아직 계약되지 않은 상태에서 최대한 많은 사진을 보여준다면 많은 정보를 제공하는 셈이다.

사진을 아무렇게 찍으면 의미가 없다. 먼저는 인테리어가 깔끔하게 되어있어야 하고, 그 이후에 내부 사진은 각도를 신경 써서 찍는다. 내 숙소는 지하철 출구 1분 거리, 넓은 평수, 시티뷰가 장점이었다. 이 3가지 중에서 넓은 평수와 시티뷰를 사진에 담아 강조했다. 구름 한 점 없이 맑은 날에도 숙소 사진을 찍는다. 관리 차원에서 숙소를 방문했을 때 하늘에는 뭉게구름이 떠 있고 하늘색도 어우러져 있다면 그날은 럭키데이다. 당장 구도를 잡고 몇십 컷은 찍었다. 해가 질 녘에도 기다렸다가 찍고, 밤이 되어 야경이 된 시티뷰를 배경 삼아 사진을 찍었다.

　이렇게 다양한 시간의 변화를, 사진을 통해 알려주면 고객은 이 숙소에서 있는 자신을 상상하며 계약한다. 이 정보 제공을 통해 예약률이 올라가기 때문에 최대한 예쁜 사진을 찍어서 올리는 것이 핵심이다. 나는 사진 찍는 것을 좋아한다. 그러므로 하루 종일 사진을 찍어도 힘들지 않았다. 이 사진들은 예약률을 높이는 과정들이기 때문에 사소한 디테일도 지나치지 않고 준비해 나가길 바란다. 사진 촬영을 좋아하고 집 인테리어에 관심이 많다면 꼭 삼삼엠투를 운영해 보는 것을 추천한다.

자동화 시스템 구축과 청소 인력 관리

단기 임대를 운영하는 숙소는 서울에 있고 나는 강원도 화천에 있었다. 거리가 멀기 때문에 매일 가서 직접 눈으로 확인하고 관리하기 어렵다. 자동화로 운영하다 보니 청소하는 직원과도 잘 맞아야 한다. 같은 곳을 청소하더라도 사람에 따라 청소하는 방법이나 스타일이 다르기 때문이다. 처음 세팅했던 그대로 곳곳에 사진을 찍어둔다. 그러면 소품이나 의자 위치도 머물고 간 손님에 따라 다르다.

청소하는 직원에게 사진대로 원위치로 만들어달라고 한다. 내가 원하는 정리 정돈이나 청소 방법이 있다면 구체적으로 명시해 주자. 그렇게 해야 나도 만족스럽고, 직원도 명확히 지시한 바를 이해하고 정확히 해주기 때문이다. 이 부분은 정확히 할 필요가 있다. 내가 맡긴 직원은 숙소 청소를 원래 하던 경력 있는 분이었다. 그래서 내가 일일이 말하지 않아도 알아서 잘 해주시는 부분이 많았다. 만약 직원을 구하는 것이 어렵다면 당근 앱에 구인, 구직에 올리자. 여러 명을 단기 알바로 채용 후에 잘하는 분과 이어서 정기적으로 관리하는 것이 좋다.

청소하는 직원이 여러 명이라면 비밀번호가 노출되어 보안상

위험이 있을 수 있기 때문이다. 청소를 마친 후에는 나에게 카톡으로 청소한 인증 사진을 보내준다. 삼삼엠투는 최소 1주에서 길면 몇 달 이상 이용한다. 매일 상주하는 것이 아니기 때문에 예약이 들어오면 다음 청소 날짜도 미리 알려준다. 체크인과 체크아웃 날짜가 겹치는 경우가 있다. 청소와 세팅하는 시간이 대략 3시간 정도 소요되어서 사전에 일정 공유가 되어야 한다. 늘 다음 고객이 이용할 수 있도록 깨끗하게 준비한다.

진심이 닿는 고객 응대, 감동 후기 전략

고객은 숙소 사진을 둘러보았다면 그 다음으로 후기를 본다. 후기는 고객의 선택에 큰 영향을 미친다. 그러므로 고객 한 명, 한 명의 후기가 소중하다. 우리도 제품이나 서비스를 구매하기 전에 후기를 확인하는 경우가 있다. 거기에 악평이 쓰여 있다면 구매하지 않을 것이다. 삼삼엠투 운영자로서는 후기가 매우 중요하다. 고객이 남긴 후기를 보고 다음 고객이 유입되기 때문에 얼마나 좋은 서비스를 제공했는지 남겨주기 때문이다. 후기는 고객의 불편 사항을 얼마나 빠르게 해결해 주는가가 핵심이다.

나는 원거리에서 운영하므로 내가 가지 못하는 상태에서 해결해야 했다. 그래서 삼삼엠투 앱 내 채팅으로 고객 문의가 들어오면 최대한 이른 시간 안에 답변했다. 그리고 불편 사항이 있다면 곧바로 피드백을 해주었다. 후기는 곧 신뢰성과 연결이 된다. 후기까지 좋았다면 예약률 UP! 고객이 만족했을 때 좋은 후기를 남겨주면 운영자로서는 고맙고 보람차다. 입지와 룸 컨디션까지 세팅이 잘 되어있다는 가정하에 후기 5점 만점의 비법은 응대라고 생각한다. 호스트가 게스트에게 어떻게 응대했느냐에 따라 후기가 달라진다.

고객이 가스레인지 사용법, 보일러 작동법, 애플 TV 리모컨 사용법 등 사소한 것조차 계속 문의가 들어왔다. 처음에는 당황스러웠고, 까다로운 고객이라고만 생각했다. '이걸 왜 모르지?'라고 생각했다. 그런데 이건 내 착각이었다. 나는 숙소를 세팅해서 작동 방법에 익숙하지만, 고객들은 처음 방문하기 때문에 당연히 모르기 때문이다. 삼삼엠투는 고객의 관점에서 편하게 이용할 수 있도록 하는 것이 핵심이다. 그 부분을 놓친 것이다. 그런 불편 사항들을 나는 세심하게 챙기지 못했고, 사용 후기를 솔직하게 표현해 주는 고객이 고마운 고객이라고 생각을 바꿨다. 바로 알려준 뒤에 다음에는 이런 문의가 반복되지 않도록 미리 공지에 올리거나 안내 문자를 보낼 때 한 번에 보냈다. 나도 처음 운영하기 때문에 부족한 부분이 어디서 발생할지 모르지만, 문제가 생겼을 때 해결 못 할 문제는 없다. 이러한 부분들은 해결하면 되고, 보완하면 더 나은 운영자가 될 수 있다.

단기 임대를 운영하면서 인상적이었던 경험을 나누고자 한다. 어느 날, 새로운 계약 승인 요청이 들어왔다. 알림을 확인하고 계약 승인 후 계약 완료가 되었다. 그런데 몇 시간이 지나서 취소 요청이 왔다. 계약자는 할머니셨고, 미국에서 혼자 한국을 방문하는 손주를 위해 예약해 주셨다. 취소 사유는 청소년 손자를 재워야 하는데 침대가 하나라서 예약자 본인께서 잘 곳이 마땅치 않다는 것이었다.

원래 삼삼엠투 규정상 계약 완료된 후 취소 시 환불 수수료 위약금이 부과된다. 곧바로 삼삼엠투 고객센터에 문의하여 본사 직원과 통화를 했다. 본사 측에 이 상황을 말했더니 게스트 측에서 취소하는 상황이면 굳이 호스트 입장에서 취소 수수료를 안받을 이유가 없지 않냐고 했다. 그래도 되기는 하나, 멀리서 비행기 타고 오는 손주 생각하며 숙소 준비해 주시는 할머니의 마음을 생각하면 취소 수수료를 받지 않고 더 좋은 근처 숙소 가도 괜찮다고 이야기를 전달했다.

그렇게 위약금 받지 않고 계약을 취소해 드렸다. 바로 다음 날, 취소한 할머니에게 다시 연락이 왔다. 식구들과 이야기해 보니 내 숙소에서 머무르는 게 좋겠다고 이야기가 됐다며 다시 계약 승인 요청을 하셨다. 게스트님과 손자분이 머무르는 기간 동안 필요한 부분이 있다면 언제든지 편하게 말씀하시라고 안내해 드렸다. 게스트님이 체크아웃 후 장문으로 된 감동적인 후기를 남겨주어서 감사했다. 사업체를 운영하면서 볼륨을 어떻게 높일 수 있을까? 고객을 어떻게 만족시킬 것인가에 대한 고민을 하다 보면 현재 상황보다 더 나은 발전을 하게 됨을 알게 된다. 신기한 점은 같은 공간인데 다양한 피드백을 듣게 된다. 같은 것을 보고도 사람들이 느끼는 점은 다 다르다. 이렇게 다른 생각을 하는 사람들의 요구를 만족시킬수록 볼륨은 더 높아지고 커진다.

3단계 : 클릭이 돈이 되는 세상, 쿠팡 셀러 도전기

사업자 등록증이 있는 상태이니 그 사업자번호 그대로 등록해서 사용했다. 처음에는 아무것도 모르는 상태라서 네이버 블로그를 검색했다. 온라인 쇼핑몰 왕초보 셀러가 처음 시작하는 기록을 따라서 진행했다. 나와 같이 이제 시작하는 사람이 남긴 글을 찾아서 차근차근 따라 했다. 정말 신기하게도 주문이 들어왔다. 도매꾹에서 주문하고 미리캔버스에서 상세 페이지를 만들었다. 쿠팡 상품 등록을 했다. 판매자 배송으로 시작했다. 판매자 배송은 쿠팡에서 주문이 들어오면 내가 택배사에 예약해서 고객에게 보내는 방법이다.

그런데 신기하게도 '뭐지? 이게 팔리네?' 신이 났다. '시작한 지 얼마 되지 않았는데 매출이 발생하다니.' 스스로에게 감격스러웠다. 그동안 소비자로만 살았는데 판매자의 위치에서 경험하는 느낌이 새로웠다. 주문이 들어오면서 처리하는 일도 늘어났다. 판매자 배송의 단점은 내가 택배를 직접 배송을 해야 하므로 주문이 들어오면 포장과 택배 예약, 고객서비스를 직접 응대해야 한다. 매출이 일어나기는 했지만 좀 더 일을 줄일 수 있는 다른 방법을 알아보기 시작했다.

첫 발을 내딛다: 판매자 배송에서 로켓그로스까지

그 방법은 바로 로켓 그로스였다. 로켓 그로스란 각 지역에 있는 쿠팡 물류 창고에 내가 팔 물건을 미리 넣어서 판매하는 시스템이다. 물건만 보내놓으면, 주문이 들어올 시 쿠팡 창고에서 알아서 포장하여 물건을 배송해 주는 것이다. 매출이 발생하다 보니 더욱 잘 판매하고 싶은 욕심이 생겼다. 더 잘 파는 방법이 있을 것 같은데 어떻게 하면 될까? 유튜브에서 쿠팡 그로스 영상을 찾아서 하나씩 따라 했다. 쿠팡 그로스는 내가 판매 실력을 올릴수록 반응이 즉각 나타났다. 삼삼엠투와 마찬가지로 사람들이 많이 찾는 상품을 찾고, 그 상품이 좋은 것을 찾아서 준비한다. 그리고 구매를 하고 싶도록 매력적으로 만드는 것이 중요하다. 이러한 것들은 상품 등록할 때 섬네일, 상세 페이지에 얼마나 상품 정보를 직관적으로 설명했느냐에 따라 달라진다.

쿠팡을 시작한 지 처음 겨울 최고 매출을 도와준 효자 상품은 겨울철에 맞는 시즌 상품이었다. 사람들이 겨울에 필요한 상품을 찾아서 올린다. 적정 시기마다 사람들이 찾는 수요가 있다. 그걸 잘 살리면 폭발적인 매출을 일으킨다. 내가 얼마 안 된 초보라면 작은 키워드 시장에서 1등을 해서 점점 실력을 키워서 큰 키워드를 진입하는 것을 목표로 한다. 예를 들어, 나는 '핫팩'을 팔고 싶다면 '핫팩'을 파는 것이 아니라 '붙이는 핫팩'처럼 세부 키워드에서 시작하는 방법을 추천한다.

'핫팩'이라는 대형 키워드는 이미 몇 년간 그 시장에서 큰 자본을 가진 고수들이 진을 치고 있기 때문에 리뷰도 몇만 개인 상태다. 나처럼 이제 시작하는 초보 셀러가 과연 이길 수 있을까? 경쟁력이 조금이라도 있는 곳에서 시작하자. 내가 구매한다면 리뷰가 0개인 것을 고를까? 아니면 몇천 개, 몇만 개 쌓인 제품을 고를까? 당연히 리뷰 수를 보고 사람들은 판단한다. 삼삼엠투와 마찬가지로 리뷰는 중요하다. 판매에 큰 영향을 끼친다.

점점 판매 실력이 좋아진다면 큰 키워드로 진입하는 것을 목표로 하자. 큰 키워드일수록 사람들이 많이 구매하기 때문에 매출도 커진다. 그다음으로 내가 항상 세팅한 것은 묶음셋트였다. 단일 상품으로 하나만 팔아도 되지만 사람들은 여러 개가 필요한 때도 있다. 그 경우의 수를 확장시켜서 많으면 1개부터 12개까지 묶음셋트로 옵션을 각각 만들어서 판매했다. 1개를 파는 것과 6개를 한 번에 묶음으로 파는 것은 엄청난 마진에 차이가 있다. 단일 상품으로만 만들면 배송비가 매번 부과된다. 하지만 12개를 한 번에 구매한다면 배송비는 한 번만 책정된다. 이 부분을 잘 활용하여 가능하면 묶음 판매를 하려고 했다. 그러면 사람들도 구매할 때 개수 선택을 하기에 편리하다.

단순한 판매를 넘어, 감동을 선물하다

　대량 주문 들어왔던 이야기를 하고자 한다. 쿠팡에서 내 상품을 보고 연락이 왔다. 중학교에서 학생들 졸업 선물하기 위해 150개를 주문하고 싶다고 했다. 그런데 졸업 선물이라 포장이 가능한지 문의를 했다. 내 상품은 opp 투명 비닐 포장되어 판매하고 있었다. 도매 업체에 전화해서 종이 상자로 포장이 가능한지 연락했다. 종이 케이스 개당 가격과 우산에 종이 케이스를 넣어주는 작업 비용까지 인건비가 추가 비용이 들었다. 그리고 '졸업을 축하합니다! -00중 학교-' 라고 문구를 넣은 라벨 스티커를 서비스로 주문 제작해서 보내주었다. 물론 이렇게 하면 오지랖이긴 하다. 판매자 이윤은 줄어든다. 하지만 학생들에게 졸업 선물을 고른 선생님의 마음과 선물을 받는 학생들의 마음을 상상하며 준비했다.

내가 이 선물을 받는다면? 어떻게 하면 고객의 요구를 만족시킬 수 있을까? 값을 내고 물건을 받았을 때 기분이 좋으려면 어떻게 해야 할까? 내 상품이 기분 좋게 전달되기를 바라는 마음으로 서비스를 제공했다. 이런 생각들이 스쳐 지나갔다. '새로운 사업 아이템을 하더라도 이런 식으로 하면 되겠네.'라는 자신감이 생겼다.

제조사와의 만남

쿠팡에서 판매를 하다 보니 재구매가 되는 상품에 관심이 갔다. 소비자가 한 번만 구매하고 끝이 아니라 지속해서 계속 구매를 해야하는 상품이라면 판매에도 도움이 되기 때문이다. 새로 찾은 상품은 반려견 카테고리였다. 이 상품은 그로스도 아닌데 인기가 많다고 분석 데이터에 나와 있어서 얼른 그로스에 입고시키고 싶었다. 바로 공장에 전화해서 공급받을 수 있는지 문의했다.

이 공장 측에서 1톤 단위로 판매하고 2톤 이상부터는 배송할 수 있다고 했다. 개인사업자라고 말하니 대형 오프라인 회사가 아니면 자기들 단가도 높을 것이라고 했다. 우선 단가를 알아보라고 영업점 대리를 연결해 주었다. 영업점 대리와 직접 통화한 내용은 1톤 기준으로 보통 28박스인데 28박스 이상이 아니어도 구매할 수 있고, 인천에 납품하는 곳이 근처에 있으니 발주하면 배차 가능하다고 말해주었다.

꼭 판매하고 싶었던 상품이라 어떻게 상세 페이지를 준비할지 구상하는데 너무 즐거워서 빨리 진행이 되었으면 하는 생각이 들었다. 밤이 늦도록 새벽 2시 가까이 업무를 했지만 피곤함도 값지게 느껴지는 시간이었다. 많은 공장 중에 호의적으로 연락해서 알려주시는 분도 있고, 서로 원하는 단가가 맞지 않으면 진행하지 않는다.

계약이 성사되지 않더라도 미팅하는 그 안에서 많은 인사이트를 얻게 된다. 실패도 성장이다. 도전하는 사람. 실행하는 사람. 주도적으로 내 시간을 사용하는 사람. 부자가 되고 싶다면서 인생을 바꾸기를 원하면서 정작 변화가 없다면 그대로일 뿐이다. 생각만 하고 이 전에 살던 패턴으로 돌아가지 않기 위해 계속 도전한다. 내가 가보지 않은 길도 끊임없이 다양하게 시도해 보면 길이 열린다.

쿠팡 광고, 똑똑하게 활용하는 법

꾸준한 매출 상승 곡선을 그리고 있던 나날 중에 쿠팡 광고 담당자가 연락이 왔다. 일정 매출 이상이 되면 광고 담당자가 배정되어 광고 효율이나 전환율에 도움이 되도록 알려준다. 경쟁사 유입, 경쟁사 광고비 대비 매출 정도를 알려주기 때문에 현재 재고를 얼마나 추가할지 말지 알려준다. 다음 상품을 준비하는데 어떤 시기에 무엇을 준비하면 좋을지도 추천해 준다. 제품 경쟁력도 좋고 광고 담당자와 잘 맞는다면 매출을 높이는 데 도움이 된다.

나는 처음 연락을 받고 광고 담당자가 하라는 대로 광고비 증액을 했다. 광고비를 증액하면 노출이 늘어나서 이 상품을 구매하고자 하는 많은 사람에게 띄워주기 때문에 광고를 보고 내 상품을 구매해주는 사람의 비율이 올라간다. 이를 전환율이라고도 하는데, 전환율이 올라가면 판매가 많이 된다는 뜻이다. 그러면 매출에도 도움이 된다. 기존에 운영하던 1일 광고비 예산은 75,600원이었다. 광고 담당자가 추천한 일 예산은 30만 원이었다. 그리고 이틀 뒤 일 예산을 50만 원 증액하라고 연락이 와서 3일간 50만 원씩 세팅해서 판매했다. 광고비 일 예산 75,600원일 때는 매출이 42만 원이었다. 50만 원 광고비를 돌리니 하루 매출이 81만 원이 나왔다.

이렇게 되면 겉으로는 돈을 많이 번 것 같지만, 실제로는 내 순이익이 줄어들고 쿠팡만 돈 벌어주는 아이러니한 상황이 됐다. 추가적으로 광고비 부가세 10%는 페이지에 뜨지 않고 나중에 정산하면서 잡힌다. 그래서 순이익을 제대로 계산하려면 예상 금액과 부가적으로 추가되는 내용을 잘 계산해야 한다.

결국, 나는 매출만 보면 돈을 많이 번 것 같지만, 5일 동안 359만 원 광고비를 쓰고 수익이 없어진 상태였다. 이렇게 하는 게 맞나 싶어서 그로스를 같이하는 대표님에게 연락했다. 광고 담당자가 연락이 와서 광고비를 증액했는데 하루에 광고비를 50

만 원 사용하는 게 맞는지 물어봤다. 그 대표님은 매출이 중요한 게 아니라 자기에게는 손익이 중요하다고 해서 이제 광고 담당자 전화를 받지 않는다고 했다.

또 다른 한 분은 월 매출 억대 셀러인데 한 상품으로 백만 원 이상 판매되는 상품이 있는데 광고비를 한 달에 20만 원 후반대로 세팅했고, 광고비가 좀 나간다 싶은 상품은 월 100만 원으로 나가게 되어있다고 했다. 나에게 광고비 사용하면서 지금 잘 팔리지 않는 것은 1만 원 예산에 광고대비 판매 비율을 10배로 세팅하고 1일 광고비 50만 원으로 했던 것은 광고 삭제하고 새로 광고를 만들라고 했다. 기존에 했던 대로 75,000원에 일 예산을 세팅하고 오후 6시 이전에 소진되면 예산을 두배로 증액하라고 알려주었다. 광고를 원래대로 새로 변경하고 난 뒤 하루는 30만 원대 매출, 그 다음 날 부터는 일 매출 77만 원이 됐다.

사실 광고비는 마케팅 비용이다. 이 광고비를 사용할 때는 전략을 잘 세워서 세팅하는 것을 추천한다. 내가 광고비를 많이 써서 일 매출이 백만 원대 매출을 가져다준 것은 아니었다. 무조건 광고비만 증액해서 좋은 결과가 나온 것도 아니었다. 그래도 이 경험으로 광고 담당자와 어떻게 조율해야 하는지 어떤 도움을 받을 수 있는지 알게 되었다. 광고 분야도 돈이 아깝다고 무조건 안 쓰는 게 아니다. 적절하게 내 상품을 잘 팔릴 수 있는 매개체가 되어주기 때문에 얼마나 광고비를 사용할지는 순이익을 계산한 뒤 각자가 원하는 비율로 사용하는 것이 바람직하다.

나만의 무기, 단독 브랜드

여러 카테고리의 상품을 판매 하다 보니 제조사에 관심이 갔다. 왜냐하면, 공장과 직거래를 하면 더욱 낮은 원가에 상품을 공급 받을 수 있기 때문이다. 여러 공장 사장님과 연락하다 보니 나만의 브랜드 상품을 만들라고 권했다. 처음에는 위탁으로 물건을 공급받으려고 했다. 위탁은 내가 재고를 갖고 있지 않은 상태에서 주문이 들어오면 공장에 주문을 하고, 공장에서 직접 고객에게 상품을 보내는 형태를 말한다. 하지만 지금 자기 납품하고 있는 유통사와 거래하고 있어서 내가 원하는 제품을 줄 수는 없다고 했다. 최소 몇백만 원 이상 돈이 들겠지만 나만의 브랜드 상품을 만들라고 했다.

쿠팡은 아이템 위너라고 해서 같은 상품을 여러 판매자가 판매하면 서로 한 군데로 묶여서 가장 낮은 가격의 판매자 물건부터 노출되고 판매되는 시스템이 있다. 이렇게 되면 나보다 낮은 가격에 올린 판매자의 물건이 먼저 팔린다. 판매자 입장에서 아이템 위너에 묶이지 않도록 하는 게 매출에 도움이 되기 때문에 최대한 내 상품만 아이템 위너가 되도록 상품 등록한다.

나도 여러 가지 상품을 판매해 보니 의도치 않게 아이템 위너가 아닌 경우가 있다. 그래서 다른 사람이 판매할 수 없도록 판권을 단독으로 가지면 경쟁자들로부터 차별화를 할 수 있다. 다른 사람이 따라 할 수 없는 나만의 브랜드를 만들어야 하는 이유 중의 하나다. 공장 사장님이 내가 원하는 상품을 처음에는 개당 150원에 넘겨주겠다고 했다. 마진 계산을 해보니 시장 판매가와 단가가 맞지 않아서 진행하기가 어렵다고 전달했다. 사장님은 나에게 자체 브랜드를 만들면 공장 가격 115원에 주겠다고 했다. 개당 가격으로 책정하면 별 차이 없는 것 같지만, 이 상품은 한 세트에 200개씩 들어가는 상품이기 때문에 수량이 많아질수록 이익의 폭이 달라진다.

성공적인 브랜딩을 위한 든든한 조력자들

여기서 납품받고 있는 경쟁사는 175원에 판매하고 있다고 알려주었다. 공장 사장님이 직접 온라인 판매를 하는 줄 알았는데 그 판매자가 단독으로 받기로 해서 많이 남기지 않아도 공장 사장님이 공장 가동을 많이 할 수 있도록 상생하는 방향으로 했다고 했다.

브랜드 제작할 때 초기물량 최소주문 수량은 6톤 정도지만, 나에게는 1톤 차량만큼이라도 해보라고 했다. 20년 이상 공장을 운영하면서 중국에서 들어오는 제품도 생겨나고 많은 사람이 시작하고 단가 때문에 포기했다고 한다. 소비자에게 브랜드 인식 과정이 쉽지 않다고 했다. 프로모션, 블로그, 댓글 등 마케팅과 가격 책정을 잘하라고 조언해 주었다.

우선 포장 패키지 업체에 주문해야 하는데 폴리백 디자인에 자체 브랜드 로고, 제품 설명을 준비한다. 프린트는 얼마나 인쇄할 건지 1단위 인쇄에 50만 원, 4단위 인쇄는 200만 원 이런 식으로 견적이 나온다. 이 인쇄 업체는 안산에 있고 결제는 폴리백 업체에 결제하고, 주소는 공장으로 받을 수 있게 하면 그로스 넣는 것까지 알아서 보내주기로 했다.

1파레트 규격이 가로, 세로 1100인데 공장 사장님의 종이 상자 크기가 살짝 넘어서 물류센터 측에서 싫어한다며 제가 판매할 때는 부피를 줄여서 파레트 길이에 맞게 하라고 알려주셨다. 공장 사장님과 통화를 마치고 고등학교 동창의 동생이 대학교 졸업 작품을 상자 디자인했다는 게 기억나서 오랜만에 연락했다.

그 동생은 인플루언서가 되어 틱톡을 메인으로 유튜브와 인스타에서 활발히 활동하고 있다고 한다. 동창과 함께 등장한 영상 조회수가 100만 회 이상 넘어서 최근에는 아웃백에서 광고가 들어와 찍었다고 한다. 그 인플루언서도 계획안을 짜서 업체에 요구한다며 내가 알지 못했던 새로운 분야를 알게 되었다. 서로의 근황 이야기를 하며 나는 브랜딩을 하려고 준비하고 있고, 포장 패키지 디자인이 필요하다고 하니 분위기, 바탕, 로고, 색상을 정해서 시안을 카톡으로 보내주면 포토샵으로 작업해 주기로 했다. 하면 할수록 나만의 진입장벽과 독보적인 차별화가 필요하다는 것을 느낀다. 로켓그로스를 하다 보니 여러 과정을 겪으며 한 단계씩 성장한다. 점점 어느 방향을 목표로 하고 가야 할 지 알게 된다. 군인 가족 외벌이 주부로 살던 내가 새로운 길을 개척하는 것. 해보면 길이 열린다.

브랜드에 생명을 불어넣는 나만의 철학과 가치

　브랜드는 감동을 주고 고객이 내 브랜드를 경험을 하도록 한다. 브랜드를 스토리로 어필해서 롱런하도록 한다. 브랜드의 감도를 높여서 철학을 담는다. 1인 기업은 내가 곧 브랜드 이미지다. 가치를 높이고 차별화해서 가격 측면을 설득하자. 하이엔드까지는 아니어도 하이엔드만큼 우리는 이런 가치를 추구해요. 라는 슬로건을 내세우는 것. 우리 브랜드가 좋다는 것을 동일하게 보여주면서 설득한다. 브랜드 네이밍은 직관적이어야 호기심을 불러일으킨다. 섬세한 가치가 있을수록 소문자를 사용한다는 점이다. 네이밍은 상품과 연관시킬 수 있으면 더 좋다. 브랜딩을 할 때 트렌디함을 갖추고 방대한 타겟층에서 내 브랜드는 어느 고객을 대상으로 할 건지 포지셔닝을 정하고 세부화하자.

　예를 들어 형상학과 같이 미술관에 온 것처럼 브랜딩을 하고 싶다면 원하는 그림을 분해해서 재구성하거나 BI, 로고, 타이프 컬러, 폰트, 마케팅에 필요한 웹사이트 랜딩페이지와 인스타 템플릿, 가이드북까지 기획한다. 브랜드라고 해서 상품만 만드는 것이 아니다. 브랜드에 가치와 슬로건을 정하고 고급짐으로 승부하자. 브랜드를 만들어 가는 프로세스를 실행하면서 느끼는 바는

멋진 엄마가 되어서 내 자녀들이 글로벌하게 활동할 수 있는 길을 열어주고 먼저 본보기가 돼야겠다는 다짐했다.

멈추지 않는 도전, 새로운 사업과 성장의 기회

제조사 홈페이지에 견적 문의를 했다. 여러 업체에 의뢰를 했다. 그 중에 제조사 측에서 적극적으로 바로 연락이 온 곳에서 미팅을 진행했다. 방문한 제조사는 조향 관련 회사였다. 조향사를 통해 제품을 만드는 것은 일종의 수수료를 결제하고 향을 개발한다. 이 업체는 4가지 향 기준으로 200만 원 후반대부터 시작한다. 향을 만들 때 컨셉과 카피로 나누어진다. 용기는 PET, 유리, 도자기 중에 정하고 최소 주문수량은 1000개 이상이었다.

제조사 대표님은 정부 지원사업을 알려주는 사이트나 아이템 스카우트에서 트렌드 키워드를 찾아 향을 개발하는 소스를 제공한다고 했다. 10가지 정도 시향을 했다. 같은 향이어도 에센셜 오일 첨가하는 비율에 따라 향의 무게감이 달라짐을 알 수 있다. 연구비로 200만 원 후반대로 제안하면서 와디즈 펀딩을 알려줬다. 샘플비 70% 먼저 계산하고 잔금은 중도금, 잔금 나눠서 가능하다고 알려주었다. 이 미팅에서 알게 된 점은 와디즈 펀딩으로 상세 페이지 기획과 마케팅을 잘하면 미리 고객에게 돈을 받고 1000% 이상 펀딩이 가능하다는 것이었다. 그리고 정부 지원사업으로 연구개발비를 지원받아서 현금이나 대출이 아닌 개발비로 자본금을 투자유치 받는 방법도 있다는 것을 알게 되었다. 다음 미팅에서 내가 원하는 용기, 디자인, 용량, 향 등 세부적인 사항들을 미리 명확히 준비하고 간다면 훨씬 더 내가 원하는 방향성대로 만들 수 있겠다는 것을 알게 되었다.

놓치지 말아야 할 세금 이야기

쿠팡에서 매출은 있으나 부가세 신고할 매출은 아니라서 넘어갔는데 미리 알아두면 좋을 것 같아서 세무사 상담을 다녀왔다. 홈택스에서 인쇄한 내용을 짚어가면서 설명해 주었다. 현재 나의 사업자 등록증은 도매 및 소매업 간이 과세자로 등록한 상태다. 사업자 등록 기준으로 만 34세 이전이라면 청년 세금 감면 혜택이 있다. 매년 1월에 세무사에게 수수료를 내고 신고 대행을 맡기면 된다. 현금 거래 혹은 매입할 때 전자 계산서 발행을 꼼꼼히 하고, 사업자 카드가 등록이 안 되어 있어서 카드 등록을 하라고 안내해 주었다. 사업자 카드를 등록하면 지출 내용을 파악할 수 있고 세금 신고할 때 편리하다. 여러 개 카드 등록이 가능하니 미리 등록해 두고 경비 처리할지 말지 대해서는 나중에 정하면 된다. 간이 사업자라면 세금 대행 신고를 맡기는 것을 추천한다. 나와 같이 청년 세금 감면 혜택을 받을 수도 있고 내가 몰랐던 절세하는 방법을 알려준다.

실패는 성장의 자양분, 1%의 마인드셋

항상 느끼는 점은 내가 하고자 하는 분야에서 먼저 하고있는 사람을 따라 하기만 해도 반은 성공이다. '아, 이런 게 있구나.' 듣기만 하고 그냥 지나치는 것은 삶의 변화가 없다. 아파트 청약, 삼삼엠투, 쿠팡도 마찬가지다. 아예 모르는 분야였지만 하다 보니 실력이 늘고 결과가 나왔다. 누군가 먼저 그 길을 가고 있다면 뒤따라가 보자. 서툴러서 자신이 없고 확신이 없더라도 시작해 보자. 그리고 배우면서 꾸준히 하다 보면 어느 순간 깨달아지고 나도 모르게 실력이 늘어있다. 도전하는 것을 두려워하지 말자. 원한다면 결과가 나올 때까지 해보자.

그 뒤에 많은 열매가 기다리고 있다. 원래 새로운 도전은 계속 실패하는 것이기 때문에 10번, 50번, 100번 계속 시도를 하는 것이다. 100번까지 가는 과정은 손해 보는 것이 아니다. 시행착오의 시간과 경험이 모여 실력이 축적된다. 이 모든 것은 성장하는 과정이기 때문이다. 나중에 빛을 보는 날이 온다. 몇백 억, 몇천 억 사업가들도 이 과정들이 분명히 있었고, 한 번에 성공하는 게 아니다. '내가 10번 해봤는데 안 되네. 내가 했었는데 그거 안 되더라.' 이런 마인드는 끝까지 갈 수 없다. '이번에는 실패했지만, 다음에는 잘 되겠지. 이것도 성장 과정이겠지.'라고 생각하는 순간 그 사람은 계속해서 이어 나갈 수 있다.

사업으로 성공하기까지는 1%에 속한다. 그 과정에서 다 포기하기 때문이다. 나는 1%에 속해야겠다고 목표를 설정했다. 비즈니스를 하면서 몽상가처럼 말도 안 되게 꿈을 크게 꾸고 이루려고 노력하면 정말 이뤄진다. 실제로 시작한 지 1년 안에 이룬 성과는 사업하기 이전과는 비교할 수 없다. 소비자에서 생산자로 바뀐 후로 뒤돌아보면 많은 성장을 한 내 모습을 발견하게 된다. 처음에 판매자 배송으로 시작해서 그로스에 입고하고, 제조사와 제품제작관련 미팅도 다니는 것들이 하나의 덩어리가 되어 뭉쳐져서 소중한 인사이트가 되고 있다. 새로운 일을 창조하고 해낸다는 것. 이보다 즐거운 일이 있을까요?

4단계 : 정부 지원사업으로 도약하다

강원도 화천에서 마지막 군 생활을 마치고 우리 가족은 충남 당진시로 이사를 왔다. 이사 와서 알게 된 지인 분이 사회적 기업을 운영하고 있는 대표님이셨다. 이 대표님은 나에게 여성 기업으로 법인을 내서 운영하면 좋을 거라고 제안했다. 지역 내 대학교 창업지원센터 내 입주기업을 신청해서 사무실을 얻는 것을 추천했다. 그리고 정부 지원사업도 꼭 지원해 보라고 하셨다. 그분은 당진 지역에서 유치원, 어린이집에 식판 세척을 납품하는 업체였는데 정부 지원사업으로 주방 세제를 만들었다고 했다. 남편이 전직 지원 기간동안 정부에서 지원하는 K-스타트업을 준비했었다. 그래서 어떻게 사업 계획서를 내고 준비하는지 어깨너머로 알고 있었다. 정부 지원사업에 선정이 된 이야기를 하고자 한다.

지역마다 청년들을 위한 정책이 잘되어 있다. 충남산학융합원과 당진시청, 청년 타운 나래에서 같이 운영한다. 청년 정책 지원 부서가 활성화되어 있으니 찾아보면 기회는 많이 열려있다. 나는 청년 타운 나래 상담창구를 이용하여 멘토링 지원을 신청했다. 도움이 필요한 청년 예비 창업가나 사업자가 있는 사람들을 위해 무료로 지원해 주는 프로그램이다. 상담창구 글에 있는 한글 파일 양식을 받아서 작성하고 메일로 신청했다. 멘토링 비용은 충남산학융합원에서 지원받았다. 사업자 주소지가 충남에 있으면 신청할 수 있다.

브랜드의 첫걸음, 상표권 출원

나는 상표권 출원을, 혼자서 유튜브를 보고 따라서 했다. 키프리스 검색 후 상표 출원 등록을 했다. 계속 기다렸지만 1년이 지나도 출원 중이라 지금이라도 우선 심사를 통해 상표권 출원을 새로 신청해야 하는지 조언을 구했다. 나는 브랜드 로고 없이 텍스트로만 등록이 되어있었다. 심사관의 판단이 있겠지만 선등록 상표가 있고, 유사군 코드에서 포기한 이력이 있다고 했다. 그래서 심사관이 얼마나 식별력 있는 상품으로 볼지는 심사관의 판단 사항이라고 한다. 상표권을 낼 때 로고를 같이 내면 안전하고 확실하다. 로고 변경 시에는 새로 신청해야 하고 원래 로고만 내 권리를 인정받을 수 있다. 곧 출원 심사 연락이 올 것 같으니 더 기다려 보기로 했다.

특허청에서 심사 후 공고 결정이 나면 3개월 이의 신청 시간이 주어진다. 등록될 때까지 6~8개월이 걸린다. 그리고 변리사를 통해 출원 업무, 분쟁, 대행 업무를 맡기면 상표권에 대한 이름을 제출 전에 검토받을 수 있다. 검토는 동일 명칭, 유사 상품이 있는지 확인해 준다. 검토 비용으로 업무 수수료가 발생한다. 우선 심사는 16만 원의 관납료가 부과되고 사유가 있어야 한다. 이 상표를 사용 중이거나 준비 중일 경우 증빙 자료와 함께 제출한다.

상표권 출원 사용 기한은 10년이다. 10년 이후에 비용 지급하고 갱신하면 된다. 상표권은 소비자가 인식되도록 좋은 이름을 짓는 게 좋다. 상표권 출원을 한다면 변리사를 통해 우선 심사로 진행하는 것을 추천한다.

나의 사업을 성장시키는 정부 지원사업 활용법

처음에는 충청남도 청년 소상공인을 위한 성장 패키지 지원사업 공고를 확인하고 지원했다. 만 39세 청년 사업가 중에 10명을 선발했다. 지원금 1,500만 원, 신용보증 최대 2억 원, 컨설팅 최대 8회 등 지원 조건이 매력적이었다. 지원 신청서를 준비하면서 깨달은 점은 심사 위원들이 판단하기에 내 사업이 매력적이어야 선발이 될 수 있다. 내가 중요하게 생각한 부분은 충남 지역과 연계해서 충남에서 세금을 창출하는 기업을 만드는 것이었다. 사업계획서에 이러한 내용을 담는 게 핵심이다. 글쓰기를 통해 사업 아이디어를 표현하고 가치 창출할 수 있다는 점이 인상 깊었다. 어떻게 하면 더 매력적으로 눈길을 끌 수 있을까? 어떤 아이템으로 선정될 수 있을까? 아무리 좋은 품질을 가지고 있어도 알리지 않고, 마케팅하지 않는다면 가치를 인정받을 수 있을까?

　동일한 사업 아이템이라고 해도 어떤 사업가가 전략과 기획하고 실행하느냐에 따라 달라진다. 청년 패키지 사업 계획서를 최종적으로 제출하고 들었던 생각은 이를 토대로 내가 원하는 꿈 일부분을 흰 도화지에 스케치해 본 것. 내 미래를 실제적이고 세부적으로 계획한 것. 스케치 위에 채색하는 것은 나의 몫이기 때문에 앞으로도 얼마든지 역량을 펼칠 수 있다는 생각이 들었다. 글쓰기를 통해 내 가치를 표현할 수 있게 된 것이 블로그 챌린지에서 시작된 작은 나비 효과라고 하면 믿어지는가?

　이 지원사업에 선정이 되면 그다음 스텝을 이어서 전국구 단위의 정부 지원사업까지 도전해 볼 수 있다. 아쉽게도 이 건은 선발되지 못했다. 기회는 이것만 있는 게 아니다. 이어서 지원사업에 도전했다. 당진시에서 지원하는 프로그램인 당진시 취창업 지원사업 도약 CEO - 100을 참가했다. 프로그램에서 준비한 강의를 교육 이수를 했다. 기업의 설립 목적부터 엑시트까지 계획하여 발표하는 시간을 가졌다. 사업 계획을 하면서 새로운 분야의 아이템을 선정하게 되었다. 보습력을 강화하여 촉촉한 핸드워시를 연구 개발하게 되었다. 아이템 선정 기준은 지역 내 특산품을 이용해서 지역 농가 발전 및 지역 홍보에 이바지하는데 있었다.

당진 지역은 쌀로 수출을 많이 한다. 쌀 싸라기 남은 것을 활용하여 쌀 발효추출물을 통해 피부 보습과 미백에 도움이 되는 유효 성분을 만들어 제품 출시하는 것이 목표였다. 쌀영농협동조합 관계자와 이야기하니 싸라기는 이미 수거하는 업체가 있고, 떡집이나 누룽지 만드는 곳에서 이미 계약이 되었다고 했다. 그래서 직접 납품을 받는 것은 진행되지 않았지만 쌀을 구매해서 원재료를 가지고 제품을 제조하게 되었다. 제조사와의 미팅에서 거품 타입과 젤 타입을 골라야 했는데 거품으로 만들면 대부분 정제수로 만들어지기 때문에 단가 절감이 된다고 한다. 시장 조사에서도 저렴한 제품은 대부분 거품형인 폼 타입이 많았다. 나는 보습에 중점을 두었기 때문에 젤 타입으로 결정했다.

최종적으로 사업계획서를 바탕으로 PPT 발표를 했다. 심사위원 앞에서 이 사업의 가치와 역량을 어떻게 발휘할지 투자 유치와 해외판로 개척까지 제시했다. 이 사업의 가능성과 역량을 보여주는 발표가 핵심이다. 이 프로그램에 선정된 것도 쿠팡 판매 경험이 있기 때문이다. 어떻게 팔 것인가? = 어떻게 나를 선정하게 만들 것인가? 이 사업에 성장 가능성과 역량을 보여주는 발표가 핵심이다. 사업화 자금이 동일하게 지원되지 않고 차등 선발 지원되었기 때문에 내 사업 아이템의 비전을 제시하는데 열심히 노력했다. 결과는 대성공이었다. 사업화 자금 지원을 받아서 내가 준비하는 사업 아이템 연구 개발비로 사용했다. 이후 충남산학융합원, 당진시청 산하기관인 청년타운 나래 입주기업에 선정되었다. 현재는 글로벌 엑셀러레이팅 프로그램에 선정되어 베트남 하노이 박람회 참가 준비 중이다. 꿈꾸는 만큼 내가 목표한 만큼 커진다.

어떻게 하면 즐겁게 돈을 벌 수 있을까?

군인 가족의 대부분은 이사를 많이 다니게 된다. 이 부분에서 항상 딜레마에 빠진다. 전공 또는 경력 단절로 인해 많은 군인 가족이 어려움을 겪는다. 경제적인 문제 외에도 낯선 환경에 매번 적응해야 하고, 새로운 사람들과의 관계, 그리고 만남과 헤어짐의 반복 등 단순히 이동만으로 어려운 것이 아니다. 자녀 교육과 인간관계 등 여러 다양한 일들을 마주하게 된다. 많은 부분 중에 나는 항상 경제적인 문제에 허덕였다. 하고 싶은 건 너무 많은데 왜 언제나 모자랄까? 그 부분에 대해 항상 갈증이 있었다.

군인 가족 12년 동안 조금씩 프리랜서로 일하긴 했었다. 제대로 된 경제 활동을 해본 것은 아니었다. 사실 그 버는 것도 곧장 소비하곤 했다. 세상에 사고 싶은 게 왜 이렇게 많은 건지. 유튜브나 인스타만 봐도 사고 싶은 것들 넘쳐난다. 요즘엔 앱카드 원터치 결제로 구매 방법도 손쉽다. 고민하기도 전에 먼저 주문 완료가 되어있다.

이렇게 평범했던 나도 마음을 바꿔 먹으니, 삶이 달라지는데, 돈이 벌리는 원리를 깨닫고 실행한다면 기회는 무궁무진하다. 사실 조금만 시간을 내서 노력한다면 리치군인클래스에서 진행하는 많은 강의가 기다리고 있다. 현재 내가 어느 곳에 시간과 돈을 들이고 있는지 한번 생각해 보기 바란다.

우선 나는 두 아이의 엄마다. 그래서 더욱 엄마의 위치로써 내가 했던 이 사업들은 돈 버는 방법에 최적이었다. 육아하는데 방해받지 않으면서 일을 하기를 원했다. 왜냐하면 육아 또한 나의 중요하게 주어진 일이라고 생각했기 때문이다. 평소 업무시간은 아침에 아이들 학교와 유치원을 보내고 아이들이 집에 오기 전까지다. 이 시간을 활용하는 것이 나에게는 최대 효율을 준다. 그리고 업무 시간이 더 필요하면 아이들과 충분히 저녁 시간을 보낸 후에 아이들이 잠이 들면 그제야 다시 작업을 한다.

돈을 버는 이유 중에 다른 하나는 가족의 안위와 행복을 위해서 일한다. 돈을 벌면서 최고로 중요한 것은 나의 행복이라고 생각한다. 나의 행복은 곧 가족의 행복이다. 행복이 흘러넘쳐서 가족의 행복까지 이어진다. 내 자녀가 엄마를 보면서, 도전하는 삶을 보고 자라길 원한다. 세상이 만들어 놓은 틀에서 그것을 지렛대 삼아 딛고 날아가길 바란다.

'내 상황은 안돼. 그래서 포기할 수밖에 없어.' 가 아니라 '현재 상황은 어렵지만, 마음에 들지는 않지만, 이 상황을 극복하고 싶어. 더 나은 삶을 위해 노력해 볼래'라는 마인드를 물려주고 싶다.

이 세상에서 원하면 시도하면 되고, 실패도 과정이고, 실패한 것을 보완해 가면서 성공의 확률을 높이는 것이다. 실패하지 않는다면 한 번에 성공해서 과연 단단하게 서 있을 수 있을까? 사람들은 단기간에 높은 매출을 바란다. 그러나 높은 매출을 올리기 위해서는 시간과 과정이 필요하다.

성과가 나오는데 그만한 시간과 돈을 투자했는지 돌아보면 알 수 있다. 시간과 돈을 투자했는데 결괏값이 잘 나오지 않는다면 프로세스 점검이 필요하다. 어디가 부족한지 분석해야 한다. 하지만 초보자 관점에서 어디서 부족한 건지 모르고 있다면 나보다 앞서가고 있는 사람에게 피드백을 받는 것이 중요하다. 현재 상태를 파악 후 재정비하면 된다.

성지연 03
인생이 달라지는
3가지 법칙

법칙 1. 마음만 바꿔도 기회가 찾아온다

 상황이 달라졌다. 그동안 외벌이로 남편이 벌었던 월급으로 살았었다. 이제는 무엇을 하면서 먹고 살아야 할지 문제가 현실이 됐다. 당장 우리가 해야 할 것은 무엇일까? 고민하기 시작했다. 우리는 싱글이 아니다. 유치원, 초등학생 자녀가 있는 4인 가족이었다. 우리의 생계는 어떻게 해야 할까? 내가 어떻게 하면 이 상황을 벗어날 수 있을까? 투자 잘하는 사람, 자수성가로 성공한 사람들의 인터뷰를 찾아보기 시작했다. '구하라 그리하면 찾을 것이요.'라고 했던가. 하늘이 도왔는지 리치 군인 네이버 카페를 알게 되었다.

 여기서부터 나의 인생 변화가 시작된다. 리치 군인 카페는 군인들의 재테크와 책을 통해 마인드셋을 해주는 성장하는 모임이다. 리치군인카페에서 진행하는 맨 처음으로 블로그 챌린지를 신청했다. 그동안 네이버 블로그는 나에게 필요한 정보성 글을 검색해서 보기만 했었다. 내가 글을 작성할 것이라고 상상도 못 했다. 맛집이나 물건 검색으로 블로거들이 열심히 작성한 글을 많이 본다. 이게 끝이었다. 매일 글을 쓰기 시작했다. 블로그 챌린지를 하면서 사람들이 좋아하는 키워드를 찾아서 군인과 군인 가족들이 필요한 내용을 블로그에 올리기 시작했다. 동시에 리치군인 카페에도 공유했다. 그런데 신기한 일이 일어났다. 블로그 조회수가 올라가고 블로그 유입과 이웃들이 늘어났다. 그다음에는 내가 하고 있는 사업에 관한 글을 올리기 시작했다. 사람들이 내가 운영하고 있는 단기 임대업과 온라인 쇼핑몰 관련 글에 비밀 댓글로 여러 고민을 남기기도 했다. 나는 간단하게 올린 건데 사람들은 내 글을 통해 정보를 얻고 갔다.

글을 한번 쓰기 시작하니 여러 가지 좋은 점들이 있었다. 첫 번째는 내가 무엇을 했는지 기록을 남길 수 있다. 머릿속으로 기억하기에는 한계가 있다. 매일까지는 아니어도 그때마다 내가 어떻게 했는지 현재와 어떻게 했는지 비교도 할 수 있다. 그리고 내가 얼마나 성장하고 있는지 가늠할 수 있다. 처음 시작했을 때의 나와 지금의 나를 돌아볼 수 있다. 두 번째는 글을 쓰면 쓸수록 사고가 확장되며 더 나은 글을 쓰기 위해 글의 실력도 늘게 된다. 이것이 곧 다른 비즈니스 역량에서도 발휘된다. 세 번째, 내가 운영하는 사업에 도움이 됐다. 특히 판매 실력에 도움이 되었다. 판매 실력은 나의 매출 증가에 크게 이바지해 주고 있다. 어떻게 하면 더 잘 될까에 대한 고민이었다. 그게 바로 키워드 찾기였다. 키워드를 찾는다는 것은 사람들의 관심이 무엇인지를 찾는 뜻과 같다.

사람들이 요즘 무엇을 좋아할까? 그것을 안다면 시장 경제의 처음 발을 내디딘다고 할 수 있다. 사람들이 좋아하는 수요를 찾는다. 그것을 필요로 하는 사람에게 제공한다. 그리고 서비스나 제품을 판매한다. 또한 어떻게 하면 고객들의 요구를 정확하게 짚어서 말할 수 있을까? 어떻게 하면 고객들이 만족할만한 가치가 들도록 판매를 할 수 있을까? 이런 부분까지 다 연결된다. 리치 군인 카페에서 단순히 챌린지만 참여해서 그저 알려준 대로 멤버들과 함께 따라갔을 뿐인데 나는 지금 책을 쓰는 작가가 됐다.

'에이, 설마 글을 썼다고 해서 변할 수 있다라는 생각이 든다면 내 이야기를 하겠다. 돈 버는 모든 곳에는 글이 필수다. 예를 들어, 공간 임대를 하는 데에도 필요하다. 내 숙소를 이용하는 고객들에게 홍보하기 위해 매력적인 포인트가 필요하다. 온라인 쇼핑몰에서는 상세 페이지에 들어가는 문구도 글이 들어간다. 고객을 설득하는 핵심 문장이 필요하기 때문이다. 그리고 정부 지원

사업에서도 사업 계획서를 작성하고 나의 사업계획서를 제출할 때도 심사 위원이 이해할 만한 아이템을 설명해야 한다. 최종적으로 발표할 때도 어떤 말을 해야 할지 준비하는 것도 필요한 것은 글이다. 단지 블로그 챌린지로 시작한 글쓰기가 나비 효과가 되어서 나에게 큰 수확이 되었다. 그래서 글쓰기는 온라인 사업에서 돈 버는 무기 중에 가장 중요하다.

우선 내가 좋아하는 것, 잘하는 것, 싫어하는 것을 적었다. 그리고 지금 당장 현실과는 거리가 멀지만 5년 후, 10년 후, 20년 후 미래 목표를 그려봤다. 그랜트 카돈의 10배의 법칙이라는 책이 있다. 그 책은 지금 당장 현실과는 전혀 관련 없어 보이더라도 목표를 10배로 잡으라고 적혀있다. 믿기지 않겠지만 5년 후, 10년 후, 20년 후 목표라고 적어둔 것들 중 많은 것을 1년 안에 이루게 되었다. 어떻게 이런 일이 일어날까? 사람은 하고자 하는 방향대로 실행한다면 모든 것이 모여서 이미 목표를 완성하게 된다. 생각은 말을 지배하고, 말은 행동이 지배한다. 나를 정확히 인지하고 나의 상태를 객관적으로 아는 것이야말로 삶의 변화에 시작점이 된다. 그리고 나에게 어떤 욕구가 있는지. 내가 원하는 삶은 무엇인지 고민해 보자. 그 이끌림을 따라간다면 분명 모든 상황들이 나를 이끌어 준다고 믿는다.

나는 미술 전공을 하지 않았다. 하지만 예쁘고 아름다운 시각적 디자인에 관심이 많았다. 결혼 생활 내내 집 인테리어에 관심이 많았다. 이리저리 옮기면서 꾸미는 걸 좋아했다. 걸핏하면 가구를 이리저리 배치해서 퇴근하고 들어온 남편이 놀라기도 했다. 이 무거운 걸 도대체 어떻게 옮겼냐며. 혀를 내두를 정도였다. 미래에 대한 목표를 그릴 때 나는 무엇을 좋아하지? 내가 좋아하는 것은 심미적인 거야. 보기 좋은 떡이 먹기도 좋다는 말이 있듯이 하나를 고를 때도 예쁜 제품이나 공간을 골랐다. 기왕이면 사용하고 볼 때마다 아름다운 것을 선택했다. 그래야 두고두고 만족감을 주기 때문이다.

남편이 그만하라고 잔소리를 들을 정도로 실내 인테리어에 관심이 많았다. 지금 당장은 아니지만 멋진 공간을 만들고 싶은 마음의 이끌림을 따라서 생각나는 대로 적어봤다. 그래서 공간 임대업을 할 때 그 강점이 발휘됐다. 내가 고객이라면 어떤 장소가 마음에 들지. 나라면 이 중에 어떤 곳을 예약할지 잘 알고 있었다. 호텔처럼 깔끔하도록 화이트 톤을 사용하고, 아늑함을 주기 위해 긴 스탠드로 은은하게 비추는 조명을 준비하고, 곳곳에 오브제를 두어서 여백의 미를 살렸다. 최소한의 자본으로 최고의 인테리어를 완성했다. 나는 사진 찍는 것을 좋아한다. 사진을 찍고 편집하는 것은 나에게 시간 가는 줄 모르게 한다. 그래서 대표 이미지를 찍을 때도 어떤 각도에서 촬영해야 하는지 배경은 어떤 구도로 찍을 때 깔끔하게 나오는지 이런 부분에 대해서도 즐겁게 촬영하고 세팅했다.

물론 촬영할 때 크몽이나 숨고에서 전문가에게 의뢰해서 촬영비를 내고 찍기도 한다. 하지만 나는 스마트폰 카메라 하나로 모든 촬영을 끝냈다. 돈을 따로 들이지 않고도 충분히 할 수 있다. 공간 임대는 사실 사진으로 모든 것을 말해준다. 사진을 보면서 이 공간에 머무르는 자신을 상상하게 하기 때문이다. 이곳을 예약하는 이유는 여러 선택지 중에서 좀 더 마음에 드는 곳을 선택한다. 일상에서 벗어나 머무르는 동안 기분 전환하기 위함이다. 사진을 통해 우리는 긴 글보다 이미지로 각인하는 것이 훨씬 쉽고 간단하며 강력하다.

또한 글의 설명도 중요하고 후기도 중요하다. 안내 문구에서는 정확한 설명과 우리 숙소가 어떤 점이 좋은지 알리는 것이다. 이 부분은 가장 기본이라고 생각한다. 또한 후기는 게스트가 얼마나 이 숙소를 이용하면서 만족했는지에 대한 보답의 메세지다. 숙소를 이용하면서 불편함이 있었다면 컴플레인하는 고객이 진짜 고마운 고객이다. 왜냐하면 그 불편함을 빠르게 보완하면 다음 고객은 그 불편을 겪지 않아도 되기 때문이다. 오히려 예민한 고객은 내 사업을 업그레이드 해주는 고마운 고객이다. 그 불편함을 해결해 주었을 때 이용한 고객은 자신의 불편함을 해소해 주려고 노력한 나에게 오히려 고마워하고 좋은 후기를 남겨준다. 이 때문에 비용은 들 수 있겠지만, 다음 볼륨을 높일 수 있는 좋은 과정이다. 예약률을 높이려면 이 삼박자가 다 맞아떨어져야 완성이 된다. 또렷하게 영점을 맞추듯이 하나하나 채우다 보면 매출은 저절로 상승할 수밖에 없다.

내가 할 수 있을까? 나랑 상관없는 삶이라고 치부하지 말자. 마음먹기에 따라 인생이 바뀐다.

법칙 2. 한 분야의 책을 단기간에 30권 소화하라

당장 막연한 상황에서 집 근처에 있는 도서관에 갔다. 앞이 보이지 않고, 어떻게 해야 할지 모를 때 지푸라기 잡는 심정으로 책을 읽었다. 내 주변에는 돈 버는 사람이 없었다. 그런 상황에서 스스로에게 물었다. "나는 어떻게 현재 상황을 극복할 수 있을까?" 그때 떠오른 생각은 책이었다. 내가 성공할 수 있는 최고의 방법은 성공한 사람의 책을 읽는 것이 제일 빠른 길이라고 생각했다. 책에는 저자에 대한 삶이 담겨 있다. 책을 읽으면 저자의 실패와 좌절, 성공과 돌파의 과정이 들어있다. 그렇기에 책을 읽으면 직접 경험하지 않고도 간접적으로 따라갈 수 있다. 누군가는 수십 년 동안 넘어지고 얻은 깨달음을 단 며칠 안에 얻을 수 있다. 성공한 사람들의 경험을 책으로 알 수 있다니 더 많이 집중해서 읽게 되었다.

한 분야에 대해서 30권 이상 읽었다. 한 명당 10권씩 대여 가능해서 남편과 각각 20권씩 매주 최대치로 빌려서 읽었다. 그 기간에는 남편과 같은 분야의 책을 함께 읽었다. 우리 부부는 경제관도 아예 달랐는데, 같은 내용을 읽고, 느낀 점을 공유하니 서로의 생각을 이해할 수 있게 되었다. 오히려 갈등의 시작이 아닌 두 개의 엔진이 동시에 돌아가듯이 서로를 밀어주는 힘이 되었다. 그렇게 읽어 내려간 책은 무기가 되어 부동산, 주식, 자기 계발, 경영 등 현재 내가 필요한 부분들이 책을 통해 채워졌다. 책을 읽을 때는 반드시 시간을 내서 읽거나 의식적으로 손에 들고 다니면서 수시로 시간 날 때마다 읽어 나가는 게 중요하다. 책은 단순히 정보를 주는 것이 아니라, 생각의 프레임을 바꾸어 주었다. 같은 상황에서도 관점이 다르게 보이기 시작했다. 책 읽는 동안 내 인생도 변하는 것을 깨달았다.

법칙 3. 하고자 하는 곳에 연락하라

책은 나를 준비시켜 준다. 그러나 인생을 실제로 바꾸는 것은 행동이다. 아무리 많은 책을 읽어도 가만히 앉아 있으면 상황은 변하지 않는다. 내가 아무것도 모르지만 무언가 하고 싶다면 어떻게 해야 할까? 우선 그 분야의 전문가를 찾는다. 그리고 전화한다. 어디에 전화하냐면 내가 판매할 제품 거래처와 전화를 한다. 내가 판매처를 연결하기 위해 모르는 사람에게 전화를 건다. 일을 시작할 때 거래처도 없고, 아는 사람도 없었다. 하고 싶은 일이 생겼을 때, 망설임 대신 전화를 걸었다. 매번 처음 전화할 때마다 두렵고 긴장된다. 물론 거절당할 수도 있다. 거절이 두려운가? 직접 부딪쳐보고 이야기하기 어렵다고 생각할 수 있다.

하지만 전혀 어렵지 않다. 의외로 사람들은 친절하다. 자신들의 회사와 거래를 하고 싶다고 이야기하면, 의외로 귀를 기울여 준다. 물론 큰 기업이나 대량 생산 위주의 납품하는 회사들은 보통 나와 같은 1인 사업자와 거래를 안 하는 경우도 있다. 그러면 곧바로 다른 업체나 다른 전문가를 찾는다. 업체와 연락해서 제품을 공급받을 수 있는지 물어본다. 판매할 상품의 업체와 거래할 수 있으면 물건을 공급받아서 쿠팡 물류센터에 넣으면 된다. 가능하다면 그 업체에서 쿠팡 물류센터로 바로 넣으면 최고다. 이때 깨달았다. 길은 가만히 있는 사람에게는 보이지 않는다. 실행하는 사람에게 열린다는 것을. 내가 모르는 것이 있으면, 반드시 아는 사람에게 물어보자. 두려워하지 말고, 연락하자. 길은 거기서부터 시작된다.

당신도 할 수 있다, 평범함의 위대한 도전

여기까지 올 수 있었던 것은 방향이 같은 리치 군인 카페를 만났기 때문이다. 내가 성장하고 꿈을 이루고, 성장할 수 있던 이유는 바로 실행력 덕분이다. 현재하는 과정을 기록하고, 그 다음 발전할 수 있는 방향으로 함께하는 멤버들이 있기 때문이다. 카페와 블로그에 글을 올리는 것은 사람들에게 비전을 공유하고 새로운 도전하는 모습을 응원해 주는 분들에게서 좋은 에너지를 받았다. 여러분도 할 수 있다는 것을 전하고 싶기 때문이다. 나는 아무것도 아니었다. 하지만 현재는 여러 가지 일을 다양하게 하고 있다. 여러분도 할 수 있다. 평범한 군인 가족이었던 내가 이렇게 변화할 수 있었을까? 이 글을 읽으면서 삶의 변화를 원한다면 기존에 익숙하게 살던 패턴을 잠시 멈추고, 마음을 바꿔보자. 사람은 무한한 가능성과 잠재력을 가지고 있다. 자, 이제 인생을 변화시키고 싶다면 실행해 보자.

김소혜 01
잘 나가는 커리어 우먼

나는야, 경력 10년의 베테랑 음악 강사

    나는 경력 10년을 훌쩍 넘긴 베테랑 음악 강사다. 피아노학원 강사, 초등학교 방과 후, 뮤지컬 수업, 어린이집과 유치원 특별활동, 개인 레슨, 합창단 발성 코치와 솔리스트, 결혼식 축가, 교회 지휘자까지--내가 필요한 곳이라면 어디든 달려갔다. 월요일부터 일요일까지, 일주일 내내 음악과 함께 살아온 시간은 절대 헛되지 않았다.

    성실하게 일했고, 덕분에 기회는 계속해서 찾아왔다. 오전과 오후에는 음악 수업을 하고 저녁에는 개인 레슨을 이어갔다. 학부모들의 입소문으로 수강생이 늘어나자, 어느 순간 내 하루 일정은 꽉 차 버렸고, 더 이상 새로운 학생을 받을 수 없어 대기자 명단까지 만들어야 했다. 그 시기 나는 누구보다 바쁘고, 누구보다 충만한 삶을 살았다. 음악 강사라는 이름으로, 나는 무대 위뿐 아니라 교실과 연습실, 심지어 아이들의 작은 무대에서도 '필요한 사람'이 되어 있었다.

수입 또한 나의 열정과 비례했다. 20대 중반, 교제 중이던 삼성맨 남자친구보다 더 많은 돈을 벌며, 사회 초년생으로서는 드물게 경제적 자립을 이뤄냈다. 단순히 돈을 버는 데서 오는 뿌듯함이 아니라, 내가 가진 능력이 누군가에게 가치를 주고 인정받는다는 사실이 나를 더 강하게 했다. 일은 재미있었고, 사람들의 인정도 받았으며, 수입까지 따라오니, 나는 정말 소위 말하는 '날라다닌다'는 표현이 딱 맞는 사람이었다. 그렇게 나는 약 10년간 음악 강사로서 경력을 쌓아가며, 내 나름의 만족스러운 삶을 살아가고 있었다.

하지만, 이렇게 자랑스러운 오늘을 만든 출발점은 의외로 소박했다.

"너는 천사의 목소리를 가지고 있구나!!"

고등학교 1학년 음악 시간, 가창 시험 연습을 하던 중 선생님이 폭풍 같은 칭찬을 해주셨다. 같은 반 친구들이 힘차게 쳐주던 박수 소리가 아직도 생생하다. 사실 어릴 때부터 교회 어린이 성가대에서 활동했고, 찬양대회에서 금상을 수상한 경험도 있어서 노래에는 자신이 있었다. 그러나 그때까지만 해도 음악은 단지 내가 '좀 잘하는 것'에 불과했지, 인생의 전공으로 삼을 거라곤 생각하지 못했다. 예체능은 정말 타고난 사람들만의 세계라고 믿었기 때문이다.

어릴 적부터 내 꿈은 '선생님'이었다. 또렷하지는 않지만, 초등학교 1학년 담임 선생님의 따뜻했던 모습이 내 마음에 남아 있었고, 그래서 선생님은 나에게 선망의 대상이었다. 그런데 고등학교 1학년 모의고사 성적표를 받아 들고 나서, 교대를 가기엔 턱없이 부족하다는 현실에 마주했다. 아무리 노력해도 오르지 않는 성적은 야속했고, 점점 나에 대한 실망감만 커졌다.

그런 나를 흔들어 놓은 사람이 있었다. 바로 음악 선생님이었다.

"너는 성악을 해야 해. 목소리가 너무 아까워. 너 정도면 서울에 있는 대학교는 그냥 합격이야. 어때?"

자신감이 바닥을 치던 시기에 들은 이 말은 내 마음을 요동치게 했다. '내가 좋아하는 것보다 잘하는 걸 해야 할까? 그래야 승산이 있을까? 서울에 있는 대학이라니… 정말 가능할까?'

그렇게 고1 겨울방학, 나는 성악을 시작했다. 돌이켜보면 그때 나는 진짜 내 마음보다 타인의 기대와 시선을 더 의식했던 것 같다. 장녀로서 부모님의 기대에 부응하고 싶은 마음, 좋은 대학에 가서 남들 앞에서 당당하고 싶은 마음이 나를 붙잡고 있었다. 남들보다 늦게 시작했기 때문에 2년 동안은 피나는 노력이 필요했다. 결국 현역으로 경희대학교 성악과에 합격했다.

대학 시절, 나의 진로는 비교적 일찍 정해졌다. 선배, 동기, 후배들은 유학, 대학원, 콩쿠르 등 다양한 길을 선택했지만, 나는 단 하나의 길을 향했다. 바로, '음악 선생님'. 어릴 적 꿈이었던 '선생님'과 전공인 '음악'을 연결해 보고 싶었다. 그래서 졸업과 동시에 음악 강사로서 현장에 뛰어들었다.

군인 남친, 강원도에 발령받다. 우리 결혼할 수 있을까?

20대 후반, 교회에서 지금의 남편을 만났다. 모태신앙인 나에게 종교가 같은 사람을 만나는 건 중요한 일이었고, 성실하게 교회 일을 돕는 한 남자가 내 눈에 들어왔다. 만남을 이어갈수록, 어릴 적부터 배우자를 위해 기도해 왔던 내용과 놀라울 만큼 닮은 사람이란 걸 깨달았다. 다정하고 배려심 깊은 말투, 그리고 식당이든 편의점이든 처음 보는 사람에게도 밝게 인사하는 모습이 인상 깊었다. 요즘 보기 드문, 단정하고 예의 바른 청년이었다.

'이 사람과 결혼해야겠다.'

확신이 들었고, 우리는 알콩달콩한 연애를 이어갔다. 그러던 어느 날, 직업 군인 남자 친구에게서 청천벽력 같은 소식을 들었다.

"나, 강원도 양구로 발령 났어."

강원도 양구? 생소한 지명이었다. 얼른 지도 앱을 켜 검색해 보니, 내가 살던 경기도 성남에서 약 141km, 차로 두 시간이 넘는 거리였다. 순간 머릿속이 하얘졌다.

'양구에 가면 나는 어떻게 되는 거지? 지금 하고 있는 일은 전부 놓아야 해? 그건 절대 안 돼.'

오랜 시간 애써 쌓아온 경력을 내려놓는다는 건 상상도 할 수 없는 일이었다. 정점을 향해 달리고 있던 시기였고, 내가 맡고 있던 일도 많았다. 그 모든 걸 정리하고 떠난다는 건, 단지 물리적인 이동이 아니라 나의 일과 존재감을 포기하는 일이었다. 물론 양구를 깎아내리는 건 아니지만, 수도권에 비해 기회가 현저히 적은 건 사실이었다. 그렇게 우리는 결혼을 미루고 또 미뤘고, 연애는 어느새 5년을 넘겼다. 나이는 30대 중반을 향해가고 있었다.

'더는 안 되겠다. 이제는 결정해야겠어.'

매일 밤 고민했다. 울며 기도하고, 엄마에게 하소연하고, 남자친구와도 수없이 많은 대화를 나눴다. 하지만 결국 이 결정은 누구도 대신해 줄 수 없는, 오직 나의 몫이었다.

고민으로 잠 못 이루던 어느 날, 5년 동안 묵묵히 기다려준 남자친구가 문득 떠올랐다. 한 달에 두세 번씩 애틋하게 만남을 이어가면서도 재촉하지 않고, 내 결정을 끝까지 존중해준 사람이었다. 감정이 아닌 이성적으로 생각해 보았다.

일이냐, 사랑이냐.

일은 지금까지의 경험과 실력을 바탕으로 언젠가 다른 방식으로도 이어갈 수 있을 거라는 자신감이 있었다. 하지만, 이 남자는, 내 인생에 다시는 없을 사람 같았다. 사랑하는 일과 사랑하는 사람 사이에서 더 놓치기 싫은 것을 선택하기로 했다.

'그래, 이제 결혼하자.'

결혼 후, 이제 나는 어떡하지?

무엇보다 최선의 선택이라고 믿으며 결혼을 결정했지만, 전혀 후회가 없었다고 말할 수는 없었다. 그렇게 좋아하던 일, 절대 놓지 않겠다며 손에 꼭 쥐고 있던 것들을 내려놓자, 텅 빈 마음이 밀려왔다. 다시 아무것도 없는 상태에서 시작해야 한다는 생각에, 내가 마치 아무 존재도 아닌 것처럼 느껴졌고, 속상한 마음에 밤잠을 설친 날도 많았다. 태어나서 30년 가까이 수도권에서만 살다가, 인프라도 부족하고 대중교통도 없는 낯선 시골에서 살아야 한다는 현실이 답답하게만 느껴졌다.

'내가 할 수 있는 일이 하나도 없으면 어쩌지? 남편이 군인이라 언제 이사 갈지 모른다며 직장에서 나를 뽑지 않으면? 아무도 모르는 곳에서 외롭게 남편 퇴근만 기다리는 전업주부로 살아야 하는 건가?'

끝없는 질문들이 머릿속을 떠나지 않았다. 군인 가족 커뮤니티와 관련 카페를 찾아서 안 좋은 이야기들만 줄줄이 읽다 보니,

어느새 내 머릿속엔 군인 가족이라는 삶에 대해 오히려 더 불안해지기만 했다.

그런 복잡한 마음을 안고 결혼 준비를 하던 어느 날, 다음 발령지가 정해졌다는 소식을 들었다. 간절히 바라며 기도했던 건, 제발 경기도 쪽으로만 발령이 나게 해달라는 것이었다. 남자 친구의 떨리는 목소리를 듣는 순간, 우리 둘은 말 그대로 환호했다. 바로 경기도 용인, 원래 살던 곳과 불과 30분 거리였다. 정말 세상을 다 가진 듯한 기분이었다. 전화기를 붙잡고 방방 뛰며 가장 먼저 떠오른 생각은,

'와! 하던 일 계속할 수 있겠다!'였다.

모든 것을 포기하려 했던 바로 그 순간, 새로운 기회가 찾아온 느낌이었다. 백수가 되어 우울감에 빠지기 전에 하나님께서 준비할 시간을 주신 게 아닐까 하는 감사한 마음이 들었다. 그리고 동시에 생각했다. 이 시간을 절대 헛되이 흘려보내선 안 되겠다고.

'2년이 지나면 또 이런 상황이 반복될지도 모르는데, 아무 준비도 없이 그냥 당할 수는 없지.'

이번엔 운 좋게 친정과 가까운 곳, 익숙한 환경에 배정되었지만, 다음엔 어디로 가게 될지 아무도 알 수 없는 일이었다. 경상도가 될 수도, 강원도가 될 수도 있었다. 나는 더 이상 내 미래가 외부 상황에 휘둘리게 두고 싶지 않았다. 스스로 준비하고, 대비해야겠다는 생각이 가장 먼저 들었다.

어떻게 해야 할까?
무엇을 준비해야 할까?
이사를 하면서도 꾸준히 이어갈 수 있는 일은 무엇일까?
그리고 나는 어떤 일을 즐기면서 할 수 있을까?
나는 어떻게 나를 이어갈 수 있을까?

질문은 점점 깊어졌다. 그리고 나는, 그 답을 찾기 위해 다시 나를 마주하게 되었다.

김소혜 02
나를 알고 찾아가는 과정

희생이 아닌 나의 선택 : 생각 바꾸기

군인 관련 카페나 커뮤니티를 보면, 군인과의 결혼을 후회한다는 부정적인 글과 댓글이 참 많다. 나 역시 결혼 전 그런 글들을 보고 마음이 심란해졌던 적이 있지 않은가.

한 번은 한 군인 가족 카페에 "군인 남편과 결혼해서 어떤가요?"라는 글이 올라온 적이 있었다. 그런데 수많은 댓글 중 장점을 이야기한 글은 손에 꼽을 정도였고, 대부분은 단점을 나열하며 각자의 불만을 토로하고 있었다.

장점이라고 하면 PX 이용, 안정적인 월급, 연금, 그리고 군인이라는 자부심 정도였다. 반면 단점은 끝이 없었다. 떠돌이 같은 타지 생활, 1~2년마다 반복되는 잦은 이사, 낯선 곳에서 느끼는 외로움, 군인 가족의 경력 단절, 시골 거주 환경, 남편의 잦은 훈련과 근무로 인한 독박 육아, 자녀 교육과 교우관계의 어려움, 주말 부부로 인해 생기는 소외감, 불확실한 진급 문제, 낙후된 관사 환경 등 신세 한탄이 줄줄이 이어졌다.

심지어 어떤 댓글은 "군인이랑 결혼하려는 후배가 있으면 뜯어말리고 싶다. 너무 불쌍해서 눈물이 난다"라고 까지 말하며, 사랑 하나로 결혼했을 뿐인데 이런 희생을 요구하는 줄 알았으면 절대 하지 않았을 거라고 호소하기도 했다.

나는 아직 이 모든 고충을 직접 경험해보지 않았기에 모든 상황에 깊이 공감한다고 말하긴 어렵다. 그럼에도 같은 여성으로서, 또 곧 닥칠 수 있는 내 미래의 한 모습으로서 이 현실은 안타깝고 마음이 아팠다.

하지만 동시에, 또 다른 차원의 안타까움도 느꼈다.

'바꿀 수 없는 현실을 불평만 한다고 과연 달라질 수 있을까?'라는 질문이 내 안에서 고개를 들었기 때문이다. 혹시 우리가 가진 부정적인 감정과 생각이 오히려 자신을 더 불행하게 몰아넣고 있는 건 아닐까?

물론 누군가는 이렇게 말할지도 모른다.

"군인과 결혼한 지 얼마나 됐다고, 직접 겪어보지도 않은 주제에 그렇게 쉽게 말하지 마. 네가 그 상황에 놓이면, 과연 그렇게 말할 수 있을까?"

맞는 말이다. 나도 안다. 어쩌면 내가 지금 하는 말이 교만하게 들릴 수도 있다는 것을.

하지만 그럼에도 불구하고 나는 살아남기 위해, 내가 나답게 살기 위해, 그리고 내 가정을 건강하게 지키기 위해 생각의 방향을 바꾸기로 결심했다. 신세 한탄만 하고, 불만만 이야기한다고 누가 나를 거기서 꺼내주지는 않는다. 내가 변해야, 내가 살아날 수 있다. 데일 카네기는 말했다.

"우리는 멀리 희미하게 보이는 것을 보려 하지 말고, 눈앞에 분명히 놓여 있는 것을 행해야 한다. 행복한 사람은 '오늘은 나의 것이라' 말할 수 있는 사람이다."

내일을 향한 불안과 후회를 끌어안기보다는, 오늘의 삶을 붙잡아야 한다. 내가 누릴 수 있는 작은 기쁨, 내가 발견할 수 있는 사소한 감사부터 찾아야 한다.

또한 그는 "피할 수 없는 일이라면 받아들이라. 이미 일어난

일을 받아들이는 것이야말로 모든 불행을 극복하는 첫 단계"라고 말했다. 군인 가족으로서의 현실이 바뀌지 않는다면, 내가 먼저 변해야 한다. 받아들이고, 그 안에서 길을 찾아야 한다.

그래서 나는 작고 사소한 것부터 감사를 찾기로 했다. PX에서 물건을 살 수 있다는 사소한 특권, 안정적으로 매달 들어오는 월급, 그리고 나라를 지키는 남편의 뒷모습에서 느끼는 자부심까지. 주어진 현실이 내가 선택한 삶이라면, 나는 그 안에서 새로운 길을 만들어야 한다.

"톱밥을 다시 켜지 말라"는 말처럼, 이미 흘러간 과거의 불평을 되새기지 않으려 한다. 내가 집중할 것은 '오늘'이고, 내가 붙잡을 것은 내 선택의 결과로 주어진 삶이다. 걱정을 없애려면 부지런히 움직이고, 나를 무너뜨릴 수 없는 작은 기쁨들을 찾아 나서야 한다.

결국 행복과 불행은 다른 곳에서 오는 것이 아니다. 내 선택으로 만들어진다. 힘들고 괴로운 상황이 오더라도 내 자신을 믿고, 그 또한 경험이라고 생각한다면 불행한 일은 절대 일어나지 않는다. 군인 아내라는 길 위에서 나는 두려움 대신 감사를, 걱정 대신 오늘을 선택하려 한다.

나를 만나는 시간

나의 선택에 관한 생각을 바꾸고 감사를 찾기 시작하자 마음이 한결 가벼워졌다. 남편을 위해 나를 희생하거나 어쩔 수 없이 끌려다니는 삶이 아니라, 내가 주도하는 삶을 설계해야겠다는 생각이 들었다. 비록 모든 것이 계획대로 흘러가지 않더라도, 마주한 상황 속에서 내가 할 수 있는 일을 찾아내고, 그 경험들을 쌓아 나중에는 나만의 자산으로 만들고 싶었다.

데일 카네기는 말했다.

"운명이 레몬을 건네면, 그것을 레모네이드로 만들기 위해 노력하라."

나의 상황이 때로는 불리한 것처럼 보여도, 그 안에서 교훈을 찾고 나만의 무언가를 만들어내는 것이 내가 살아가는 방식이어야 한다고 다짐했다.

그 무렵, '리치군인'이라는 군인 재테크 카페에서 한 모집 공고를 보게 되었다. 바로 '드림벙커 멘토링' 프로그램이었다. 매일 독서하고 글을 쓰며, 자신에게 질문하고 답하는 시간을 통해 자기 인식을 확장해 가는 과정이었다.

"나를 깊이 들여다볼 수 있는 시간? 완벽한 기회야."

주도적인 삶에 대한 고민이 깊어지던 시기, 나에게 꼭 필요한 프로그램이었다. 망설임 없이 신청서를 작성했고, 등록 완료 메일과 함께 10주간의 훈련이 시작되었다.

가장 먼저 시작한 건 '자신을 생각하는 시간'이었다. 첫 번째 과제로 읽은 책은 『메타인지, 생각의 기술』(오봉근). 자기 객관화를 위한 글쓰기가 주어졌는데, 내가 알고 있는 것, 모르는 것, 잘하는 것, 못하는 것, 하고 싶은 것, 하기 싫은 것들을 차분히 정리해 보는 과제였다. 노트북 앞에 앉아 곰곰이 생각해 보았다. '잘하는 것' 목록은 신이 나서 술술 썼지만, '잘 아는 것'을 적을 땐, 내 마음에 들 만큼 자신 있게 쓸 수 있는 게 없었다.

"아... 생각보다 아무 생각 없이 살아왔나 보다."

문득 그런 생각이 들며 우울한 마음이 몰려왔다. '나'를 얕게는 알고 있었지만, 정작 내면의 생각과 철학에 대해 진지하게 고민해 본 적이 없었던 것이다.

나는 내가 잘 아는 것, 잘할 수 있는 것을 명확히 하고, 그것을 공부해 다른 사람에게 설명할 수 있는 나만의 강점을 갖고 싶어졌다. 이제 발전하고 싶은 분야를 정하고, 관련 책을 읽으며 매일 글을 쓸 차례였다. 내가 관심을 갖고 눈을 반짝이게 되는 단 하나의 주제, 바로 '교육'이었다.

그 후 10주간, 매일 1시간 이상 책을 읽고, 매일 글을 쓰며 교육에 대한 나만의 철학을 정립해 나가기 시작했다. 그리고 스스로에게 물었다.

"1~2년마다 이사를 해야 하는 상황 속에서, 내가 좋아하고 잘할 수 있는 '교육'을 놓지 않고 계속 이어갈 수 있는 일이 뭘까?"

고민할수록, 생각만 해도 가슴이 뛰는 일이 떠올랐다.

어린이집 선생님, 보육교사!

어린이집 교사는 지역에 상관없이 수요가 꾸준하고, 쉽게 일자리를 구할 수 있으며, 내가 10년 동안 유치원과 어린이집에서 음악 특성화 수업을 해온 경험도 큰 도움이 될 수 있었다. 무엇보다 내가 좋아하는 일을, 내가 있는 곳에서 계속할 수 있다는 확신이 생겼다.

'나'에 대해 깊이 고민하고 나니 모든 결정이 놀라울 만큼 쉽게 느껴졌다. 이제는 어떤 것도 나를 막을 수 없다.

나답게, 자유롭게, 마음껏 도전할 일만 남았다.

자유로이 도전하다

남편과 결혼한 후, 첫 발령지인 용인에 정착하며 기존에 하던 음악 관련 일을 유지한 채 보육교사 자격증 공부를 시작했다. 평일엔 밤 10시에 퇴근하고, 주말에는 하루 13시간씩 일하는 바쁜 일상이었지만, 마음먹었을 때 당장 시작해야 한다는 결심이 강했다. 한 번 미루면 끝없이 밀려나 결국 포기하게 될 것 같았기 때문이다.

내 상황에 가장 적합한 방법은 '평생교육원'이었다. 원하는 시간에 온라인 강의를 듣고, 주말엔 대면 수업을 들을 수 있었다. 이론 8과목, 온라인+대면 병행 8과목, 그리고 마지막 실습까지 총 17과목을 이수해야 했다. 중간중간 쪽지 시험, 토론, 과제, 중간·기말고사 등 신경 써야 할 일도 많았다. 하지만 나는 "즐겁게 행동하라, 그러면 즐거워질 것이다"라는 말처럼, 억지로라도 즐겁게 배우려는 태도로 임했다. 피곤하고 지칠 때도 많았지만, 배우는 설렘이 나를 다시 일으켜 세웠다.

좋아하는 것을 배우는 기쁨, 점점 성장하는 내 모습에서 오는 만족감이 나를 꽉 채웠다. '배우는 사람이 된다는 것 자체가 나를 살리는 일이구나'라는 걸 그때 처음 느꼈다. 매일 체크리스트를 쓰고 하나씩 지워갈 때마다 '나도 할 수 있구나'라는 자신감이 쌓여갔다.

솔직히, 음악을 전공했기에 그와 관련된 일에서만 나의 가치가 인정된다고 믿어왔다. 남들의 시선과 말에 흔들리며 억지 자존심을 붙잡고 일을 놓지 못한 부분도 있었다. 그러나 '나'를 깊이 들여다보고, 진짜 원하는 일을 향해 공부하면서 비로소 나를 자유롭게 만들 수 있었다. 억눌려 있던 다양한 가능성이 하나씩 피어나는 게 느껴졌다.

그렇게 용인에서의 2년 동안 모든 이론과 대면 수업을 마쳤고, 보육교사 자격증에 필요한 기본 요건은 마무리하였다. 다음 발령지는 세종시였다. 비록 관사는 세종 시내에서 차로 30분 이상 떨어진 동네였지만, 내게는 감사한 입지였다. 자격증을 따기 위한 마지막 과정으로 실습이 남아 있었다. 이사 준비와 함께 실습 어린이집을 찾기 시작했다. 유치원·어린이집 음악 특성화 수업을 다녔던 경험을 떠올리며 소형보다는 대형, 국공립보다는 실습 여건이 유연한 민간 어린이집을 선호했다. 그렇게 고른 10곳의 리스트. 가장 가고 싶은 어린이집에 전화를 걸었다.

뚜르르…. 딸깍.

"안녕하세요. 실습할 어린이집을 찾고 있는 교육생입니다. 혹시 실습생 받아주시나요?"

많은 어린이집이 실습생을 받지 않는다는 글을 봐서 긴장했지만, 다행히 원장님께서 반갑게 응답해 주셨다.

"아, 네. 가능합니다. 언제부터 실습 할 수 있으세요?"

전화를 끊고 난 뒤, 심장이 밖으로 튀어나올 것처럼 뛰었다.

'와, 드디어 시작이다!'

실습을 앞두고 긴장한 나머지 지도 선생님께 혼나는 꿈을 꿨을 정도였지만, 그보다 더 큰 건 설렘이었다. 내가 실습한 반은 만 5세 반이었고, 실습 담당 교사는 나와 동갑인 선생님이었다. 아이들과 친해지기 위해 놀이 시간마다 다가가 함께했다. 예전엔 음악 수업을 30분만 하고 떠나야 했기에 깊은 교류가 어려웠지만, 실습 기간엔 하루 종일 아이들과 지내며 그들의 삶에 녹아드는 시간을 보낼 수 있었다. 무엇보다 아이들을 '존재'로 마주하고, 이해하고, 공감하는 시간이었다.

6주의 실습은 금방 지나갔다. 마지막 날, 갑작스러운 이별 통보에 아이들이 펑펑 울었다. 실습 선생님과 아이들에게 작은 선물과 감사의 마음을 전하며, 그 시간은 내게도 큰 선물이 되었다. 그런데 실습 마지막 날, 원장님께서 나를 부르셨다.

"너무 열심히 하셔서…. 자격증 나오면 꼭 다시 오세요. 저희가 채용하고 싶어요."

그 순간 나는 단숨에 대답했다.

"정말 감사합니다. 무조건 하겠습니다!"

그렇게 소중한 기회를 놓치지 않고 잡았다. 지금은 그 어린이집에서 만 4세 반, 20명의 아이를 맡아 정식 교사로 일하고 있다. 물론 예상보다 힘들고 버거운 순간도 많지만, 아이들과의 교류

속에서 교사로서의 보람과 성장의 기쁨을 날마다 느낀다.

무엇보다 중요한 건, 나는 이제 더 이상 환경의 포로가 아니라는 사실이다. 어디로 이사 가더라도 내가 좋아하고 잘하는 일을 계속할 수 있다. 이것이 바로 "내가 가진 문제가 아니라 받은 복을 헤아려보라"라는 말의 실제가 아닐까. 그리고 그 복을 아이들과 나누며, 하루하루 '나답게' 살아가고 있다.

김소혜 03
보육교사에 대해서

아이와 하루를 살아내는 사람

"안녕하세요~!"

매일 보는 얼굴인데도 어쩜 그렇게 반갑게 인사를 해줄 수 있는지, 아이들은 참 신기한 존재다. 미소 가득한 얼굴로 내게 달려오는 그 순간, 나도 반사적으로 활짝 웃게 되고 기분 좋은 하루가 시작된다.

전날 엄마랑 마트에 다녀왔다는 이야기부터, 같은 아파트 단지에 사는 친구와 놀이터에서 같이 놀았다는 얘기까지. 아이들의 조잘조잘한 목소리는 끝이 없다. 어느새 교실에는 20명의 아이들이 모여 시끌벅적. 솔직히 말하면 귀가 웅웅거릴 정도지만, 친구들과 함께 웃고 떠드는 모습만 보면 피로는 저 멀리 사라져버린다.

아이들이 내 눈을 초롱초롱하게 바라보는 순간도 참 좋다. 내가 무슨 말을 할지 기다리며 귀 기울이는 모습, 재밌는 얘기에 깔깔 웃는 표정 하나하나가 너무 사랑스럽다.

물론, 하루에도 몇 번씩 위험한 행동을 주의시키고, 친구와 다퉈서 울며 이르러 오는 일도 비일비재하다. 정신없이 바쁜 하루의 연속이다. 화장실을 참을 때도 많고, 점심은 허겁지겁 먹다 말기 일쑤다. 커피 한 잔의 여유? 그런 건 존재하지 않는다. 퇴근 후에도 수업 계획, 행사 준비, 서류 작업, 학부모 피드백 등 챙겨야 할 것들이 끝이 없다. 아직 초임이라 그런가, 머릿속은 온통 일 생각으로 가득할 때가 많다. 그런데도 내가 이 일을 계속 즐겁게 할 수 있는 이유는 단 하나, 아이들이 행복해하는 모습을 보면 나도 행복해지기 때문이다.

아이의 하루를 함께 살아내는 사람

보육교사는 단순히 아이를 '봐주는 사람'이 아니다. 아이들의 하루 전체를 함께 살아내는 사람이다. 아침 등원부터 오후 하원까지, 아이의 모든 순간을 함께하며 지켜보고, 돌보고, 함께 웃는다.

우리 반엔 유독 어린이집에 오래 머무는 아이가 있다. 내가 출근하기도 전에 등원해서, 내가 퇴근한 후에야 부모님을 만나곤 한다. 그 아이와는 하루를 함께 여는 사이가 되다 보니, 자연스럽게 대화도 많아지고 나를 바라보는 눈빛도 점점 신뢰로 바뀌는 게 느껴진다. 하루하루 쌓이는 그 믿음이 참 소중함을 느낀다.

배우고, 경험하고, 자라나는 시간

하루 동안 아이들은 한글, 영어, 수학, 과학, 미술, 체육, 뮤지컬, 스피치, 발레, 댄스, 다문화… 정말 다양한 수업을 경험한다. 매달 바뀌는 주제에 따라 놀이 중심 수업도 함께 진행되는데, 그 속에서 아이들은 자신이 좋아하는 걸 발견하고, 호기심을 마음껏 펼친다.

아이들마다 흥미와 발달 속도가 다르기 때문에, 수업도 한 가지 방식으로는 어렵다. 어떻게 하면 더 쉽게 설명할 수 있을까? 어떻게 해야 더 재밌게 전달할 수 있을까? 교사의 고민은 매일 이어진다. 아이들이 수업을 좋아하게 되는 건, 사실 그런 고민의 결과일지도 모른다.

'함께' 키운다는 것

보육교사는 혼자서 아이를 키우지 않는다. 부모님과 함께 아이를 키우는 조력자다. 아이가 하루 동안 무엇을 했는지 사진으로 기록해 알림장에 올리고, 하원할 땐 그날의 특이사항을 조심스레 전달한다. 때로는 상담을 통해 아이의 기질이나 지도방법에 대해 이야기 나누기도 한다.

이렇게 하루하루 정성껏 관찰하고, 함께 나누다 보면 부모님과의 신뢰도 쌓인다. 나도 아이도, 혼자가 아니라는 게 얼마나 큰 힘이 되는지 모른다.

보이지 않는 시간 속의 노력

아이들과 보내는 시간 외에도 교사의 하루는 바쁘다. 주간 일지, 월간 계획안, 관찰일지, 교실 환경 구성까지. 수업 하나를 준비하는 데에도 많은 고민과 정성이 들어간다. 눈에 잘 보이지는 않지만, 그게 없으면 아이들과의 하루도 제대로 굴러가지 않는다.

결국, 아이와 함께 살아내는 사람

솔직히 말하면, 이 일은 쉽지 않다. 보육교사는 흔히 '3D 직업'이라고 불린다. 힘들고, 고되고, 감정 노동도 크다. 그런데도 내가 이 일을 좋아하는 이유는, 아이들과 진심으로 마음을 나눌 수 있는 직업이기 때문이다.

아이들과 함께 숨 쉬고 울고 웃으며 하루를 살아내는 사람. 그게 바로 보육교사다. 우리가 건네는 말투 하나, 눈빛 하나, 손길 하나가 아이에게는 평생 기억에 남을 수도 있다. 그런 점에서, 나는 오늘도 아이들과 하루를 살아가는 이 일을 소중하게 여긴다.

진정한 교사가 되고 싶다

"선생님!"

하루에 이 말을 몇 번이나 들을까? 세어본 적은 없지만 분명 하루 평균 500번은 넘을 것 같다. 아이들이 나를 부를 때, 친구가 때렸다고 이르러 달려오며 부를 때, 옆 반 선생님이 부르실 때, 학부모님이 요청하며 부르실 때… 어느새 나도 '선생님'이라는 말에 조금 지친 표정을 짓고 있는 나를 발견하곤 한다. '엄마~'라는 부름이 듣기 싫을 때가 있다는 엄마들처럼 말이다.

그토록 되고 싶어했던 선생님인데, 그렇게 간절히 노력했던 자리인데, 어쩌다 이렇게 되었을까. 잠깐, 서운한 마음이 들기도 했다.

학기 초, 1학기 학부모 상담 시간이었다. 한 학부모님이 아이에게 들은 이야기를 전해주셨다.

"작년 선생님처럼 화도 안 내고, 한숨도 안 쉬고, 자기를 좋아해주는 것 같아서 지금 선생님이 더 좋대요."

깜짝 놀랐다. 아직 세상에 태어난 지 4년밖에 안 된 아이인데도 벌써 그런 걸 느끼고 있었구나 싶었다. 그날 이후로 '선생님'이라는 말이 나에게 더는 가볍게 들리지 않게 되었다.

아이들에게 건네는 말 한마디, 눈빛 하나, 무심코 내뱉은 한숨까지도 그 아이의 마음에 오래 남을 수 있다는 걸 깨닫고 나니, 나는 내가 어떤 사람이 되어야 할지 깊이 생각하게 되었다.

우선 내가 만들고 싶은 교실을 그려보았다.

아이들이 나를 신뢰의 눈빛으로 바라보고,
행복하게 웃는 교실.

이런 교실을 만들려면 나는 어떤 모습으로 아이들 앞에 서야 할까? 어떻게 말하고, 어떻게 반응하고, 어떻게 마음을 전해야 할까? 그리고 나의 존재가 단지 교실 안에서만이 아니라, 아이의 가정과 더 나아가 사회로까지 영향을 줄 수 있다면, 나는 어떤 영향력을 가진 어른이 되어야 할까?

고민하고 또 고민하던 끝에 머릿속을 떠나지 않던 단어는 단 하나였다.

바로 '사랑'.

나는 아이가 등원하면 꼭 안아주는 것부터 시작한다. 처음 만난 3월엔 어색한지 몸에 힘을 주고 살짝 떨어져 안기던 아이들이, 시간이 흐르자 내 품에 쏙 들어와 스스로 안겨온다. 그건 아마도, 아이들도 내가 자신들을 얼마나 사랑하는지를 느끼기 때문일 것이다.

아이들이 규칙을 어기거나 위험한 행동을 할 때도, 단순히 혼내기보다 그 상황에서 아이가 느꼈을 감정에 먼저 공감하려고 한다. 그리고 다시는 그러지 않도록 단호하지만 따뜻하게 약속을 나눈다. 억울한 마음이 남지 않게 말이다.

사실, 나도 누군가에게 공감받는 경험이 주는 힘을 잘 알고 있다. 남편이 내 마음을 읽어주고 공감해주는 말 한마디에 마음이 풀렸던 적이 많았다. 그 경험이 있었기에 나는 알게 되었다. 아이들도 똑같다는 것을.

마음을 알아주는 사람 앞에서는 마음을 연다는 것을. 그래서 공감은, 신뢰로 이어지고, 신뢰는 결국 사랑으로 자라난다는 것을.

나는 아이들에게 한글을 가르치고, 숫자를 알려주고, 영어를 들려준다. 하지만 그보다 훨씬 중요한 일은, 아이의 마음을 읽고 사랑을 전하는 일이라는 걸 나는 매일 느낀다.

오늘 평소보다 말이 적다면, 무슨 일이 있었는지 조심스럽게 묻고, 실수했을 땐 "왜 그랬어!"라고 다그치기보다, "다음엔 더 잘할 수 있을 거야" 하고 다독여준다. 감정을 다치지 않게 다독이며, 바른 길로 이끄는 일. 그것이야말로 교사의 가장 깊은 가르침임을, 나는 하루하루 배우고 있다.

진정한 교사가 되기 위해 나는 아직 갈 길이 멀다. 매일이 전쟁이고, 하루에도 수십 번씩 감정이 오르내리는 가운데 사랑과 공감만을 외치는 건 결코 쉽지 않다.

실수도 하고, 후회도 하고, 반성도 하고, 마음이 복잡해질 때도 많지만, 내가 아이들을 진심으로 아끼고, 사랑하려는 마음만은 지켜가고 있다면, 나는 오늘도 진정한 교사가 되기 위한 길 위에 있는 것이다.

그리고 오늘도, 그 길에서 고민하고, 흔들리며, 한 걸음씩 나아가고 있다.

교사도 돌봄이 필요하다

아침에 눈을 뜨면 가장 먼저 떠오르는 건 오늘 어린이집에서 처리해야 할 일과다. 챙겨야 할 것이 워낙 많다 보니, 잠자는 시간을 빼면 하루 24시간 내내 어린이집 생각뿐이다. 그런데 문득 궁금해졌다.

"정작, 나는 괜찮은가?"

나는 교사이기 전에 한 사람이다. 내가 행복하지 않다면 이 모든 노력은 무슨 의미가 있을까? 내가 무너진다면 아이들을 제대로 바라볼 수 있을까? 굳이 밝은 표정을 짓느라 감정 에너지를 소모하다 보면, 어느 순간 몸도 마음도 바닥을 드러낸다. 이런 상태가 이어지면 '번아웃'이 찾아와 나도, 아이들도 함께 힘들어질 수 있다.

그래서 나를 지키는 연습이 절실하다. 내가 직접 해보고 효과를 느낀 두 가지 방법을 공유해 본다.

아침 10분 명상 — 마음을 맑게 시작하기

출근 전, 10분이라도 눈을 감고 호흡에만 집중한다.

들이쉴 때는 긍정이 들어오고, 내쉴 때는 부정이 빠져나간다고 상상하며 숨을 고른다. 호흡에 몰입하다 보면 스트레스가 한 걸음 떨어져 보이고, 내 감정을 객관적으로 다루게 된다.

명상을 꾸준히 하다 보면 시야가 넓어진다. 드라마를 볼 때 주인공의 위기가 결국 해피엔딩으로 향할 거라 믿듯, 내 삶도 언젠가는 좋은 결말에 닿을 거라는 신뢰가 생긴다. 그 믿음 덕분에 오늘의 어려움이 '지나가는 한 장면'으로 가벼워진다.

어떻게 시작할지 막막하다면, 유튜브에 '에일린 mind yoga' 채널에서 '5분 명상' '10분 명상'을 검색해 가이드에 따라 해보길 권한다.

감사일기 — 하루를 단단히 마무리하기

명상과 함께 실천하면 좋은 습관이 '감사일기'다. 크게 거창할 것 없다. 아침엔 오늘 감사할 세 가지를 적는다.

예를 들면:
1. 숨 쉴 수 있음
2. 몸이 건강함
3. 오늘 나를 기다릴 아이들

저녁엔 하루를 끝내며 스스로를 끌어안듯 쓰면 좋다.
1. 힘들었지만 잘 버틴 순간
2. 가장 뿌듯했던 일
3. 마음 따뜻해졌던 대화

작은 감사라도 기록하다 보면, 일상의 소중함이 자연스레 몸에 밴다. 그리고 꽉 막혔던 마음이 조금씩 단단해진다.

감정 다루기 — "화는 지나가는 손님일 뿐"

화가 나지 않는 교사는 없다. 다만 화를 어떻게 대하느냐가 중요하다. 명상과 감사일기로 마음 근력을 키워두면, 감정의 파도가 몰려올 때 한 박자 늦출 여유가 생긴다. "지금 느끼는 감정은 곧 지나갈 거야." 그렇게 속으로 되뇌며 한 번 숨을 고른다. 그러면 아이에게 건네는 말투도 한결 다정해진다.

결국, 나를 따뜻하게 바라보는 일

아이들의 마음을 돌보는 일은 내 마음을 돌보는 일에서 출발한다. 내가 행복해야 아이들도 행복하다.

완벽한 교사는 아니지만, 행복한 교사가 되기 위해 오늘도 나를 돌본다. 아침 10분 명상으로 마음을 맑게, 감사일기로 하루를 단단히. 그렇게 나를 따뜻하게 바라보는 마음으로 오늘도 아이들을 가르치며, 내 마음을 가르친다. 아이의 손을 잡고 걷는 길 위에서, 나 역시 교사로 자라고 있다.

김소혜 04
막막한 현실...
하지만 행동한 적은 있는가?

불평만으로는 바뀌지 않는다

요즘 전역자가 크게 늘고 있다고 한다. 일은 그대로인데, 나가는 사람은 많고 들어오는 사람은 없으니 남아 있는 이들의 업무 과중이 심각하다고 한다. 너무도 바쁜 우리 남편… 얼굴 한 번 제대로 보기 어렵고, 집은 그냥 잠만 자는 숙소가 되어버렸다. 누구보다 힘든 건 남편이라는 걸 안다. 정말 안다. 그런데도, 마음이 답답하니 괜히 남편이 원망스럽다. 이러려고 결혼한 건 아닌데… 어쩌다 이렇게까지 된 걸까?

우리는 군인 가족이다. '소방관 가족', '경찰 가족'이라는 말은 잘 들어본 적 없는데, '군인 가족'이라는 표현은 왜 이렇게 흔한 걸까? 내가 군인 가족이기 때문에 더 익숙하게 들리는 것도 있지만, 그만큼 사회적으로도 이 단어가 자주 쓰이는 데는 이유가 있다. 군인 가족은 지방, 격오지 등으로 자주 발령 나고, 그에 따라 이사를 반복하거나 가족과 떨어져 살아야 하는 일이 많다. 이렇게 군인의 생활 방식이 가족 전체의 삶에 영향을 끼치기 때문에,

어느새 '군인 가족'이라는 이름으로 하나의 공동체 의식과 정체성이 생겨났다.

국가에서도 군인 가족을 정책적으로 분류하고 있기 때문에 '군인 가족상담센터', '군인 가족 복지관' 같은 용어들이 제도 속에서도 자주 쓰인다. 게다가 관사에 모여 살거나 지역 사회와 단절된 환경에 놓이다 보면, 가족끼리 서로 의지하고 위로하며 살아가는 문화가 생긴다. 그래서일까. '군인 가족'이라는 정체성은 갈수록 더 단단해지는 것 같다. 이렇듯 군인 가족은 군인과 떼려야 뗄 수 없는 결속된 존재다. 우리는 '군인 가족'이라는 이름 아래, 떨어져 있어도 함께이고, 힘들어도 함께 버틴다. 그게 바로 군인 가족이다.

내 주변에도 군인 가족이 많다. 그중에는 막막한 현실을 있는 그대로 받아들이고, 자신만의 길을 묵묵히 준비해 나가는 분들이 계신다. 함께 군 교회에 다니는 집사님들 중에는 아이가 대학생인 분도 있고, 한창 학령기 아이들을 키우는 분들도 있다. 그중 한 집사님은 1~2년마다 이사를 반복하는 상황에서도 간호조무사 학원에 다니며 자격증을 취득했고, 지금은 관사 근처 한의원에서 근무 중이다. 그분께 어떻게 일을 시작하게 되었는지 여쭤보니 이렇게 말씀하셨다.

"아무 것도 안 하면, 아무 일도 안 생겨요."

그 말을 들으며 생각했다. 결국 삶을 바꾸는 건 '행동'뿐이라는 것을.

비슷한 이야기를 들려준 다른 여성도 있었다. 늘 바쁜 일상에서도 그녀의 원칙은 단순했다.

"할 일이 보이면 그 자리에서 해치우는 것. 그래서 어느 순간부터 내가 제일 싫어하는 단어는 '나중에'가 되었다."

그녀는 '나중에 안정되면', '아이 크고 나면'이라고 미루는 대신, 지금 당장 할 수 있는 일을 붙잡았다고 했다. 그 단순한 선택이 삶의 방향을 바꾸어주었다고 고백했다.

또 다른 이는 이렇게 말했다.

"완벽한 때는 오지 않아요. 그래서 기회가 보이면 일단 잡고 봅니다. 그게 나중에 실패로 끝난다 해도, 도전하지 않은 것보다는 훨씬 덜 후회되니까요."

그 말이 내게는 큰 울림이었다. 우리는 늘 더 준비되면, 상황이 안정되면 시작하려고 하지만, 사실 인생에 그런 순간은 오지 않는다. 지금이 가장 빠른 때이고, 오늘이 가장 완벽한 기회다.

이렇게 군인 가족 중에서 간호조무사, 보육교사, 군무원, 사회복지사, 제과제빵 전문가 등 각자 원하는 길을 향해 꾸준히 나아가는 분들이 참 많다. 같은 환경, 같은 처지 속에서도 방향을 찾고 실천하는 모습이 정말 존경스럽다.

그런 분들을 보며 나도 다시 용기를 얻고, 희망을 되찾곤 한다. 당신도 그랬으면 좋겠다. 지금, 이 현실이 막막하게 느껴질 수 있지만, 결국 선택은 우리 손에 달려 있다.

아무리 남편을 원망한들 바뀌는 건 없다. 막막한 현실에 울컥하는 마음, 안다. 나도 그랬다. 그런데 혹시, 그런 마음으로 하루를 다 허비한 적은 없었는가? 불평은 참 쉽다. 하지만 그 불평이 당신을 단 한 발이라도 앞으로 나아가게 했던가? 불안하고 답답한 건 분명한 현실이다. 하지만 그 상황을 바꾸기 위해, 지금까지 단 한 번이라도 움직여본 적이 있는가?

앞이 보이지 않는 현실이라 해도, 늘 한 줄기 빛은 있다. 불평과 원망으로는 아무것도 바뀌지 않는다. 스스로를 깎아내리는 생각의 틀, 이제는 깨야 한다. 현실을 바꾸는 건 오직 '행동'뿐이다. 작더라도 한 걸음 내딛는 순간, 당신의 삶도 조금씩 달라지기 시작할 것이다.

시작은 작아도 괜찮아

내가 열심히 활동하고 있는 '리치군인' 카페가 생긴 지 얼마 안 된 초창기에 우연한 계기로 가입하게 되었다. 군인의 입장에서 재테크를 어떻게 하면 좋은지 알려주고, 다양한 군인 복지 혜택 정보도 얻을 수 있어서 틈틈이 자주 드나들었다.

그러던 어느 날, 부동산 스터디 1기를 모집한다는 글을 보게 되었다. 평소 경제나 재테크에 관심이 많았던 터라 너무 하고 싶은 마음에 바로 신청했다. 그 이후로도 경매 스터디, 드림벙커 스터디, 자녀교육 스터디, 블로그 11챌린지(하루 1포스팅) 등 스터디가 열릴 때마다 빠짐없이 1기로 참여하며 교육을 듣고 인증 글도 성실히 올렸다.

부동산이나 경매 스터디를 할 때는 일주일에 한 번 매물 분석 글을 써야 했는데, 처음엔 서울시 지도를 펴놓고 뭘 어떻게 해야 할지 몰라 하루 평균 두세 시간은 꼬박 매달려야 했다. 경매 매물 분석은 생소한 단어가 너무 많아서 머리가 지끈거릴 정도였다. 실제로 두통약을 먹어가며 했던 기억도 있다.

블로그 11챌린지를 할 땐 하루에 글 하나씩 올려야 했기에, 정보를 찾고 정리하고 다듬는 데만 3시간 가까이 걸리기도 했다. 그 당시엔 하루하루가 고역이었지만, 이제는 부동산 입지 분석도 지도만 봐도 감이 오고, 블로그 글도 30분이면 충분히 쓸 수 있을 정도가 되었다.

'내가 할 수 있을까'라는 두려움에 망설인 적도 많았지만, 그냥 '에라 모르겠다'라는 마음으로 도전해 보니 나도 모르게 성장해 있는 나 자신을 발견하게 되었다. 비슷한 처지에 있던 또 다른 여성도 이렇게 고백했다.

> "완벽하게 준비된 순간은 오지 않아요. 기회는 늘 불완전한 상태로 오죠. 그래서 저는 그냥 지금 당장 시작했어요. 나중에 하면 더 늦으니까."

그 말은 나의 경험과도 닮아 있었다. 불안과 두려움은 늘 있었지만, 결국 움직였기에 지금의 내가 있었다.

그렇게 다양한 스터디를 통해 많은 것을 성취했던 작년 연말, 나는 내 자신이 정말 자랑스러웠고, 자존감도 한껏 올라갔다. 그 기억 덕분에 이후 다른 스터디에도 꾸준히 도전할 수 있었고, 지금 이렇게 군인 가족 책을 쓰게 된 것도 그 용기에서 비롯되었다.

블로그 챌린지를 진행했던 '원더보이' 님이 항상 하시던 말씀이 있다.

> "핑계 금지, 변명 금지. 합리화하지 말고, 그냥 하세요."

그 말이 당시 챌린지에 참여한 모든 군인과 군인가족들에게 자극이 되었고, 실제로 모두가 챌린지에 성공했다. 회식하고 와서도 글을 쓰고, 당직 근무가 있어서 미리 글을 임시 저장해두고, 새벽에 출근 전에 썼다는 분도 있었다. 갓난아기 육아로 눈코 뜰 새 없는 와중에도 글을 쓰는 분들도 계셨다. 그렇게 '핑계, 변명 금지!'라는 단단한 원칙에 따라 꿋꿋이 버텨냈고, 결국엔 다 해냈다. 나 역시 열심히 달리는 팀원들의 열정에 힘을 얻어 끝까지 해낼 수 있었다.

시작은 아주 작아도 괜찮다. 하지만 하고 싶다면, 하겠다고 마음을 먹었다면, 일단 시작해야 한다. 오늘 하루 10분, 핸드폰 보는 시간을 줄이고 메모장에 감정이나 생각을 써보는 것만으로도 충분하다. 리치군인 카페에 들어가 가장 최근에 올라온 글 한 편을 읽어보는 것도 좋다.

내년쯤 이사를 할 것 같기도 하고, 당장 어떻게 될지 모르겠고, 아이도, 남편도, 모든 게 불확실하다는 건 나도 안다. 군인 가족의 막연함과 불안함을 나도 누구보다 잘 안다. 하지만, 그렇게 내가 다 계획한다고 해서 계획대로 되는 것도 아니지 않은가? 막연함을 이기는 건 거창한 '계획'이 아니라 '실행'이다. 완벽한 준비보다 중요한 건, 지금 당장 할 수 있는 아주 작은 한 가지라도 시작해 보는 것이다.

그렇게 첫발을 내딛는 순간, 그건 이미 당신의 것이 된다.

당신의 걸음을 응원합니다

나는 어릴 때부터 가만히 있는 걸 못 견뎠다.

대학 시절 방학과 주말마다 아르바이트 했고, 그 돈으로 졸업하자마자 한 달 동안 유럽 여행을 했다. 졸업 후에도 악착같이 일해 모은 돈으로 중고 경차를 사서 전국을 누비며 프리랜서로 일했고, 그 차를 12년째 아직도 몰고 다닌다. 일하면서도 끊임없이 배우고 싶어서, 기회가 생길 때마다 "뭐라도 얻어 가겠지"란 마음으로 기꺼이 도전했다.

자랑하려고 쓴 건 아니다. 그렇게 열심히 살아온 나조차, 결국은 지치고 멈췄던 시간이 있었다. 문득 모든 게 버겁게 느껴졌다. 내가 나를 너무 몰아세우는 것 같았다. 그래서 한동안 축 늘어져 아무것도 하지 않고 쉬었다. 첫 한 주는 꿀맛 같은 휴식이었지만, 그 이후부터는 몸이 근질근질했다. 시간을 흘려보내는 게 너무 아깝게 느껴졌다.

돌아보면, 내게 남는 건 언제나 열정적으로 살았던 시간이었다. "그때 체력이 더 좋았을 때, 여유가 있을 때, 뭐라도 더 해볼걸!" 하는 아쉬움이 게으른 시간 뒤에야 찾아왔다. 방송인 박명수는 "늦었다고 생각할 때가 진짜 늦은 거다"라고 말한다. 나는 여기에 한마디를 더 보태고 싶다. "그래도 지금이라도 해야 한다. 함께 해보자."

비슷한 시기에 들었던 또 다른 여성의 고백도 내 마음을 움직였다.

"나는 아이가 커서 날 떠올릴 때, 희생의 아이콘이 아니라 '엄마는 하고 싶은 일을 하며 인생을 참 즐겁게 살았어'라고 말해주길 바라요."

그녀의 말은 곧 내 마음이기도 했다. 나도 군인 아내라는 이유로 내 인생이 희생의 연속으로 기억되길 원치 않는다. 대신 내 아이가, 내 가족이 "엄마는 자기 삶을 주도적으로 살았어"라고 말할 수 있길 바란다.

그래서 지금, 당신에게 말하고 싶다. 혹시 지쳐서 멈춰 있더라도 괜찮다. 지금 다시 시작하면 된다고. 아직 늦지 않았고, 지금이 바로 당신 인생의 가장 빠른 순간이라고. 혼자라고 느끼면 힘이 나지 않을 수 있다. 하지만 우리는 군인 가족, 하나의 공동체다. 나와 비슷한 처지에 놓인 수많은 군인 가족이 오늘도 살아내고, 버티고, 용기 내고 있다는 것을 기억하자. 그것만으로도 우리는 이미 서로의 힘이 되는 존재다.

만약, 이 글을 읽고 용기를 내어 무언가 시작해 보고 싶지만, 막상 어디서부터 어떻게 시작해야 할지 모르겠다면 '리치군인' 카페에서 함께 해보기를 바란다. 모두가 같은 군인이라는 공통점을 가진 사람끼리 서로의 경험을 나누고 배우며 스터디를 이어가고 있는 곳이기에, 너무 늦지 않게, 또 혼자가 아닐 수 있게 출발할 수 있는 좋은 시작점이 되어줄 것이다.

당신도 할 수 있다. 진심으로 잘됐으면 좋겠다. 당신의 한 걸음, 한 걸음마다 내가 함께 응원하고 있다는 걸 기억해 주길 바란다. 우리가 각자의 자리에서 자신을 찾아갈 때, 그 모습이 또 다른 누군가에게 용기와 희망이 될 것이다.

지금, 이 글을 읽고 있는 당신, 아마도 마음속에 무언가를 품고 있을 것이다. 불안감과 두려움이 있을지라도, 나는 당신이 그 마음을 꺼내어 한 걸음 내딛기를 바란다.

삶이 조금 더 단단해지길.

꿈이 조금 더 선명해지길.

그리고 무엇보다 자신을 더 사랑하게 되길.

당신의 걸음을, 진심으로 응원한다.

강아란 01
예상치 못한 삶,
그 속에서도 나답게

시작하며...

군인 아내의 삶은 늘 예상치 못한 변수와 함께 시작된다. 남편의 발령, 훈련, 당직 하나에 우리의 일상은 쉽게 흔들린다. 아이를 낳고 외벌이의 무게를 절실히 느낀 순간, 나는 알았다.

'버티는 것만으로는 내 삶이 채워지지 않는다.'

그래서 다시 일을 시작했고, 결국 남편보다 더 많은 월급을 받게 되었다. 본업에서는 안정적인 수입을, 부업인 이커머스에서는 월 매출 천만 원을 넘기기도 했다. 이걸 자랑하려는 게 아니다. 흔들리는 현실 속에서도 내가 주도권을 쥐고 움직였을 때 삶이 달라질 수 있다는 걸 보여주고 싶었다.

이 책은 군인의 아내로서, 엄마로서, 그리고 한 사람으로서 겪어온 흔들림과 도전의 기록이다. 동시에 같은 길을 걷고 있는 누군가에게 전하고 싶은 작은 증거이기도 하다. 현실에 안주하거나 버티는 데서 멈추지 않고, 한 걸음이라도 내딛는 순간 우리는 분명 다른 길 위에 설 수 있다.

누군가에게 연애와 결혼은 안정된 일상과 달콤한 미래를 의미하지만, 군인과 함께하는 삶은 다르다. 계획은 쉽게 무너지고 기다림은 일상이 된다. 코로나라는 시대적 장벽까지 겹쳤던 그 시간은 단순히 인내심을 시험하는 것이 아니었다. 오히려 '어떻게 나답게 살아갈 것인가'를 끊임없이 묻는 시간이었다.

이 장에서는 군인과 연애를 시작하면서 마주한 현실, 발령과 이사 속에서 경험한 끝없는 기다림, 엄마가 된 후 달라진 삶의 무게, 그리고 무기력 속에서도 다시 나를 채워가는 과정을 담았다. 무너지는 순간도 있었지만 그때마다 다시 일어나 하루를 채워가며 배운 것들이 있다. 군인 아내라면 아마 당신도 공감할 것이다. 누군가에게는 당연한 일상이 우리에게는 매번 조율하고 맞춰야 하는 과제가 된다. 그 길을 걸으며 얻은 작은 깨달음들을 함께 나누고자 한다.

변수 속에서 시작된 연애와 결혼

코로나가 막 시작될 무렵, 사람 간 거리가 멀어졌을 때, 우리는 연애를 시작했다. 남편은 해안 경계 작전을 수행하는 군인이었고, 나 역시 방역과 거리두기가 일상이던 사회에 속해 있었다. 그럼에도 그는 빨간 장미 한 송이와 환한 미소로 내게 다가왔다. 서툴지만 진심 어린 그 웃음은, 앞으로 이어질 불확실성을 잠시 덮어주는 따뜻한 순간이었다.

하지만 그런 설렘도 잠시, 남편에게서 연락이 왔다.

"나 당분간 퇴근 못 할 것 같아."
"언제까지?"
"그건 모르겠어."

그 한마디에 나는 알았다. 이 관계는 '남들처럼 행복하게 데이트하고 추억을 쌓는 연애'가 아닐 수 있다는걸.

우리는 그 전화를 끝으로 한 달간 만나지 못했다. 한 달의 공백 후 오랜만에 마주 앉은 우리는 설렘 가득했지만 어색함도 가득한 사이가 되어 있었다.

'이놈의 코로나! 이제 연애를 시작했는데, 바이러스와 군대의 조합은 만만치 않네.' 우리의 연애는 카페도, 영화관도, 여행조차 자유롭지 못했던 제약투성이였다.

친구들에게 우리의 이야기하면 '말도 안 돼! 요즘 누가 그렇게까지 통제받아?'라며 웃었지만, 군인 남자 친구와의 현실은 이랬다.

그래도 좋았다. 주어진 짧은 시간, 그 하루를 세상에서 가장 따뜻하고 행복한 하루로 만들기 위해 우린 정말 애썼고 그런 시간이 결혼으로 이어졌다. 물론 결혼 준비 과정도 평탄하지 않았다. 2020년 남동생이 입대하였는데 수료식은 물론 면회도 되지 않았다. 이런 상황에 군인 남편은 오죽하겠는가.

우리는 결혼식을 제주도에서 했다. 식장, 드레스, 한복, 스튜디오 모두 일정이 불확실한 우리는 예약 잡는 것부터 삐걱거리기 시작했다. 하객 중 남편의 지인들은 모두 참석하기로 했지만, 휴가 승인조차 되지 않았고, 가족들과 비행기를 타고 오기에 무서운 현실이었다. 이런저런 상황에서 결혼식을 2번 미룬 우리는 3번째 청첩장을 돌리고 기대하는 결혼식이 아닌 얼른 치워버렸으면 하는 결혼식을 했다.

임신 중에도 상황은 크게 달라지지 않았다. 밤새 오한에 떨던 날도, 아이의 성별을 듣던 날, 남편이 함께하지 못한 날들이 많았다. 퇴근 후 남편이 집에 있는 게 어색할 만큼, 임신 기간의 절반은 홀로 보냈다. 그때 나는 웃으며 말했다.

"나는 똥만 가진 느낌이야."

그 순간에 웃픈 말 속에 담긴 진짜 의미는 '이게 내가 꿈꾸던 결혼 생활이 아닌데.', '이러다 나 혼자 애 낳으러 가는 거 아니야?'라는 생각과 함께 내가 온전히 이것을 다 감당할 수 있을까 하는 불안과 외로움이었다.

군대랑 코로나. 이 두 장벽은 내가 꿈꾸던 연애와 결혼과는 분명 달랐다. 설레는 연애도, 함께 준비하는 결혼도, 기쁨 가득한 임신도 늘 변수에 흔들렸다. 함께하는 시간은 늘 부족했고, 중요한 순간마다 함께 하지 못하는 일이 반복됐다.

결국 군인과의 연애, 그리고 군인의 아내로 산다는 건, 연애부터 결혼까지 모든 과정에서 '변수가 일상'임을 받아들이는 것을 배워야 했다.

끝없는 기다림 속에서 찾은 나의 하루

임신 6개월, 출퇴근이 가능한 부대로 발령이 났다는 말을 들었다. 내가 남편에게 가장 먼저 한 말은, "이제 나 혼자 아니야?"

였다. 퇴근하고 혼자 불 꺼진 집에 들어가는 게 아니라, 누군가 기다리는 집이라는 상상만으로도 심장이 두근거렸다. 저녁도 같이 먹고, 오한이 와도 함께 있다는 그 기대 하나로, 설렘이 머리부터 발끝까지 차올랐다.

관사는 없었고, 우리는 발령일에 맞춰 부대 근처 전셋집을 알아보며 움직였다. 이사 전날까지도 혼자 짐을 싸고 배는 무거웠지만 마음만큼은 가볍고 들떴다. 함께 시작하는 하루가 우리에게도 생기겠구나 싶었다.

하지만 발령일이 지나도 남편은 여전히 출근하던 부대에 있었다. "후임자가 없어서 아직 이동 못 해." 발령은 났지만, 실제 이동은 '후임자가 구해질 때까지.' 언제가 될지 모른다는 그 말. '누가 그 부대에 가겠어.' 설마 설마 했던 우려는 결국, 무기한 연기로 굳어졌다.

그래도 이사 날짜는 다가왔고, 우리는 새집으로 옮겼다.

그리고 다음날부터 나는 여전히 추운 겨울 해도 뜨지 않은 어둠을 뚫고 남편을 부대에 내려다 주고, 혼자 해가 뜨는 길을 따라 집으로 돌아왔다.

왕복 두 시간. 혼잣말이 나왔다.

"이럴 거면 뭐 하러 이사했나 몰라."

게다가 새로 이사한 집은 내 직장에서는 더 멀어졌다. 막달의 배를 안고도 그 거리를 출퇴근하며, 나는 허탈함과 후회를 곱씹었다. 그렇게 일주일, 한 달, 두 달, 1년 기다림은 끝나지 않았다.

'이젠 함께야'라고 믿었던 마음은 '일주일 동안 또 혼자네.'로 바뀌었다. 다시 혼자 보내는 일주일에 익숙해져야 했다. 하루는, 해가 뜨는 모습을 보며 집으로 돌아오던 중 '이번 주는 무엇을 하며 시간을 보낼까?'라는 생각이 들었다. 그리고 문득, 평소 하고 싶었던 것들을 이제는 해보자 는 마음이 피어올랐다. 기다리고 부질없이 흘려보내는 하루가 아니라, 조금은 나를 위한 하루로 만드는 선택 말이다.

"기다리는 하루도 삶이고,

그 삶에 이름을 붙이면 조금은 견딜 수 있다.
- 이슬아, 『모든 오늘의 기록』

그래서 나는, 그 하루에 '나를 위한 하루'라는 이름을 붙여보기로 했다. 내가 선택한 삶은, 기다림에 매달리는 것이 아니라 그 기다림 속에서도 내가 할 수 있는 것들을 선택하고 실행하는 것이었다.

출근하며 일상을 보내고 틈틈이 제주 친정집에 내려가 남편이 옆에 없으니 먹고 싶은 게 있으면 부모님이 사주시는 그 사소한 일상에서 위로받기도 했다. 새로운 동네에서 새 친구를 사귀어 보기도 했고, 그러다 대학원 진학이라는 더 큰 도전을 선택했다.

몸은 여전히 무거웠고, 남편과의 생활은 여전히 '예정 없음'이었지만, 그 와중에도 내가 할 수 있는 방향으로 하루를 내 방식대로 꾸려가기 시작했다.

엄마가 된 순간, 내 삶의 무게도 달라졌다.

나는 어느 순간부터, 내 하루가 남편의 일정표에 달려 있다는 사실을 너무 자연스럽게 받아들이고 있었다.

그리고 그 변화는 생각보다 훨씬 빨리, 아주 조용히 찾아왔다.

"당직 바뀌었어. 애 하원 당신이 시켜야 할 것 같아."
"이번엔 내가 훈련 들어가야 할 것 같아."
"일정이 아직 정확히 안 잡혀서. 휴가는 좀 미뤄야 할 것 같아."

이 말들은 짧다. 하지만 그 짧은 문장 한마디가 내 하루 전체를 뒤흔들 수 있다. 아니, 하루만이 아니다. 한 주, 한 달, 그리고 몇 달 동안 준비해 온 모든 계획이 순식간에 무너져 버리곤 했다.

나는 아이들을 가르치는 일을 한다. 수업은 즉흥적으로 조정

할 수 있는 일이 아니다. 누군가 대신해 줄 수 있는 것도 아니고, 내가 빠지면 누군가는 분명 불편을 감수해야 한다.

그래서 휴가는 늘 일찌감치 정해두어야 하고, 아이의 하원 시간까지 고려해 하루를 조밀하게 짜야 한다.

하지만 군인의 아내로 산다는 건, 그 모든 걸 '그때 돼봐야 알지.'라는 말 한마디에 모든 일정이 원점으로 돌아갈 수 있다는 뜻이었다.

신혼 때는 명절에 제주도 친정에 가려고 비행기표를 미리 끊었다가 남편의 당직 때문에 취소한 적도 있었다. 수수료를 내며 '다음엔 좀 늦게 끊어 볼까?' 생각하지만, 좌석이 금방 매진되는 걸 알기에 결국 또 서둘러 예약하게 되었다. 그리고 또 같은 일이 반복된다.

휴가도 마찬가지였다. 회사 일정을 다 맞춰놓고, 어머님들께 양해 구하고, 아이 일정도 조율해 가며 겨우 맞춘 휴가. 그런데 훈련, 재난 상황 등 예기치 못한 일들로 그 모든 건 '없던 일'이 되어버렸다.

심지어 오랜만에 해외여행을 가보자며 설레는 마음으로 항공권과 숙소를 예약하고 가져갈 물품을 구매하던 중, 현지에 감염병이 돌고 있다는 뉴스를 봤다.

남편에게 물었다.

"우리 갈 수 있을까?"

그러자 돌아온 대답.

"안 그래도 점심에, 이 이야기 나왔어. 아직 승인 못 받았는데, 그냥 가지 말자. 조심하라니까."

나는 미련 가득한 손으로 항공권 취소 버튼을 눌렀다.

"그래도 숙소는 무료 취소 가능해서 다행이다."

그 생각 하나로 마음을 다독이면서 수수료 50만 원을 냈다.

처음엔 너무 속상했다. 이 모든 조율과 계획이 아무 의미 없어지는 순간, 허탈함이 몰려왔다.

이런 식의 변수는 여행뿐 아니라 평범한 일상에서도 늘 반복되는 문제였다. 남편의 스케줄은 내가 어떻게 할 수 있는 게 아니지만 워킹맘으로서 나는 늘 마음이 조급했다.

남편이 교육 듣고 돌아오는 길에 차가 막힌다며 아이를 하원시킬 수 없다 했을 때, 결국 우리는 아이를 데리러 갈 수 없기에 남편의 동료가 아이를 대신 데리러 간 적도 있었다. 그날은 온종일 마음이 편치 않았다.

'혹시 아이가 낯선 얼굴 보고 당황하진 않을까?'
'동료분은 괜히 불편하진 않으셨을까?'

이렇게 하나의 변수가 생기면, 내 하루 전체가 출렁이는 기분이었다.

남편이 몇 주간 훈련을 간 적도, 교육을 간 적도 있었다. 그 기간 나는 도저히 아이의 하원 시간을 맞출 수 없어서 일하고 계시던 친정 부모님께 부탁을 드리기도 했고, 어린이집 원장님께 도움을 청하기도 했다. 원장님은 마치 친정엄마 같았다. "미리 말하면 언제든 된다, 미안해 말고 이야기해라. 빨리 오는 것보다 안전하게 오는 게 더 중요하다." 늘 이렇게 말씀하시며 퇴근을 미루고 기다려주신 덕분에 나는 일을 마칠 수 있었다. 집으로 돌아오는 길에 고마움과 동시에, "내가 이 생활을 얼마나 더 감당할 수 있을까?'하는 생각도 따라왔다.

군인의 아내로 살면서 워킹맘이라는 건, 늘 예측 불가능한 일정 속에서 나 혼자 내 일상을 조정해 나가는 미션 같은 일의 연속이었다. 단단히 짜놓은 하루가 갑자기 무너져도, 그 혼란을 가장 먼저 감당해야 하는 건 언제나 나였다. 이런 예측할 수 없는 일들이 반복될수록 몸이 여러 개였으면 좋겠다는 생각이 들었다.

일도 가야 하고, 아이도 데려와야 하고, 저녁도 준비해야 하는 데 그 와중에 내 마음은 널뛰기였다.

'이게 뭐라고 이렇게 서운하지?' 했다가, '그래, 남편도 어쩔 수 없잖아.' 이해하려다가, '근데 왜 늘 나만 양보해야 하지?'라는 생각이 스쳤다.

몸은 일 때문에 바쁜데, 감정은 자꾸 옆길로 새고, 도망도 못 가는 내 하루 속에서 감정 하나 붙잡고 씨름하고 있는 나를 발견할 때, 가끔은 웃기고 가끔은 짠했다.

이런 순간들, 군인 아내라면 한 번쯤 다 겪어봤을 거다. 약속 잡아놨다가 취소하고, 휴가 계획 잡았다가 취소하고, '그때 돼 봐야 알지.' 한 마디에 마음 접고. 처음엔 속상하고, 당황하다가, 나중엔 체념.

나도 그랬다.

그런데 웃기게도, 그런 순간들이 쌓이면서 어느새 '군인 아내로 살아가는 법'을 배워가고 있었다.

내가 짜놓은 하루가 언제든 무너질 수 있다는 걸 이미 알고 있었지만, 나의 기분, 내 인생의 방향까지 흔들리게 둘 순 없지 않은가.

그래서 '어쩔 수 없지'라고 체념하기보단, '그럼에도 불구하고' 내가 할 수 있는 것. 내가 컨트롤 할 수 있는 것에 초점을 두고 선택하기로 했다.

예를 들어, 남편이 당직이나 훈련을 간 날이면, 퇴근하고 돌아와 아이와 단둘이 맛있는 저녁을 먹으러 나갔다.

"오늘은 엄마랑 뭐 먹으러 갈까?" 이야기를 나누며 걸어가는 그 시간이 내 하루 중 가장 평화로운 시간이었다.

'외식하면 돈이 나가는 거 아니야?'라고, 생각하는 사람도 있겠지만, 일을 하고 와서 지친 몸으로 저녁을 챙기며 에너지를 쓰는 일보다 돈을 쓰더라도 아이와 외식하며 행복하게 보내는 것이 더 가치 있다고 생각했다.

어떤 날엔 아이와 요리 놀이도 하고, 아이의 친구들과 여행을 가기도 했다. 그러다 보니 '일찍 퇴근하니 아이와 이런 것도 할 수 있네.' 하고 내 스스로의 행복 회로를 돌리고 있었다.

그리고 아이를 재운 뒤엔 평소 관심 있던 분야의 강의를 듣기도 했다. 새로운 것을 배우는 그 몇 분이 내 머릿속을 환기해 주었고, '나는 오늘도 내 삶을 잘 살았다.'라는 작은 만족감도 안겨 주었다.

아주 작고 평범한 하루였지만, 그 안에서 내가 주도한 시간이 있다는 것만으로도 덜 지치고 조금은 단단해졌다. 물론 눈물이 나던 날도 있었고, 계획이 무너져 허탈했던 순간도 많았다. 하지만 그런 하루하루가 쌓여 나를 이렇게 바꿔놓았다. 군인 아내이자 엄마로 살아가며 수많은 변수에 흔들리더라도, 나를 잃지 않는 방법을 배워가고 있었다. 그러면서 아내와 엄마의 역할 속에서도, 내 삶을 우선순위에 두어야 한다는 사실을 조금씩 깨닫고 있었다.

나를 채워간 작은 시작들

결혼을 하고, 임신하면 웃음이 가득한 하루에 다정한 남편이 곁에 있을 줄 알았다.

하지만 오늘도 조용한 집 안. 시계 초침 소리만 또렷하게 들릴 뿐이었다. 누구와도 대화하지 않은 하루, 남편이 퇴근 못 하는 날이 길어지자 혼자 있으며 내가 웃은 적이 있었는지조차 떠오르지 않았다.

아이를 데리러 오는 학부모님들도 불안해하던 코로나 시절, 나 역시 친구를 만나거나 외출하는 건 꿈도 꾸지 못했다. 회사와 집, 그게 전부였던 나날들.

불 꺼진 집에 들어가는 게 싫었다. 소파에 앉아 멍하니 있던 어느 날, '이러고 있는 시간이 너무 아깝다.' 그 생각 하나가 스쳐갔다. 그리고 나는 몸을 일으켜 먼저 청소부터 시작했다.

옷장을 정리하고, 냉장고를 정리하고, 주방 서랍까지 싹 비워내며 무기력함에서 나를 꺼내고 요동치는 내 마음도 조금씩 정리해 갔다.

그 다음엔 '내가 뭐 하는 걸 좋아하지?' 하고 생각했다. 문득 외할아버지가 내 손에 있는 점을 보고 '손재주로 밥 먹고 살 수 있겠다.'라고 했던 말이 생각났다.

인터넷에서 석고 방향제 키트를 샀다. 처음 해보는 거라 설명서를 몇 번이고 다시 읽으며, 손에 분무기랑 향료를 들고 테이블에 앉아 집중했다. 무언가에 몰두하는 그 시간이 꽤 괜찮았다. 그렇게 하나 만들고 나니 손으로 만드는 게 나랑 잘 맞는 취미일지도 모른다는 생각이 들었다.

그 다음엔 남편이 예전에 사두었던 건담 박스들이 눈에 들어왔다. '이걸 왜 사기만 하고 안 만들었지?' 싶어서 남편이 퇴근하는 주만 기다렸다. 그리고 '우리 건담 같이 만들어볼까?'라며 반신반의로 시작했는데, 그게 시작이었다. 부품을 자를 때마다 데칼(장식용 스티커)을 붙일 때마다 내 안의 완벽주의가 살아났다. 내 손끝에서 완성되는 작은 성취감이 너무 좋았다.

건담은 나랑 잘 맞았다. 하나, 둘… 그렇게 시작한 건담이 지금은 서른 개가 넘는다. 쌓여가는 박스들 만큼이나 내 자신도 다시 채워지는 기분이었다.

건담에 이어 재봉틀도 시작했다. 처음에는 티코스터, 헤어 스크런치 같은 작은 소품부터 만들어봤다. 재봉틀 소리 들으며 잡생각이 사라지고, 오로지 바늘과 실, 원단에만 집중하며 조용히 작업하는 시간, 그 시간이 생각보다 좋았다.

나는 꼼꼼하게 만드는 걸 좋아한다. 미세한 부분까지 잘 맞춰야 완성도 있는 결과물이 나오는 그 과정, 이런 과정들은 나만을 위한 시간이었다. 석고 방향제든, 건담이든, 재봉틀이든 무엇이든 좋았다. 내 손으로 만들고 집중하고, 나를 위한 무언가가 남는다는 것.

지금 돌이켜보면, 그 시간이 나를 많이 바꿔 놓았다. 기다림 속에서도 나는 내 방식대로 하루를 채워가고 있었다. 그래서 말해주고 싶다. 혼자 있는 시간, 아이를 등원시키고 잠시 여유를 부릴 수 있는 그 시간이 내가 가장 나답게 살 수 있는 시간일지도 모른다. 하루에 딱 한 시간이면 된다.

손을 움직여보자, 그 작은 시작 하나가 내일을 바꿀 수 있다.

강아란 02
삶의 무게를 딛고,
도전으로 나아가기까지

군인 아내의 삶은 단순히 감정의 문제가 아니었다. 현실은 언제나 돈과 시간, 그리고 몸의 한계 앞에서 더 냉정했다. 아픈 몸으로 병원비를 감당해야 했고, 출산과 육아 속에서 외벌이의 무게가 고스란히 다가왔다. 게다가 예측 불가능한 군 생활은 언제든 계획을 무너뜨렸다.

이 장에서는 군인 아내로서 마주한 경제적 현실과 그 속에서 내가 선택한 방법들을 담았다. 외벌이 가정의 무게, 군인 가족이 누릴 수 있는 작은 혜택들, 본업에서의 번아웃과 새로운 도전, 그리고 다시 시작한 이커머스까지. 불안정한 상황에서도 멈추지 않고 작은 시도를 이어간 기록이다.

외벌이의 무게, 버티지 말고 움직여라.

나는 20대 중반, 중증 난치병을 진단받았다. 그전까지도 몸이 건강했던 건 아니다. 대상포진, 통풍, 그리고 이유 모를 근육 경직으로 몸이 굳어가는 듯한 통증이 동시에 찾아와 나를 지배하기도 했었다. 그런 통증 속에서도 나는 쉬지 않고 일했다. 아팠지만, 멈출 수 없었다. 일에 대한 욕심도 있었지만, 무엇보다 감당해야 할 병원비가 너무 많이 들었다.

한번 응급실에 다녀오면 50만 원은 기본, 검사와 처방이 늘어날수록 내 월급의 반 이상이 병원으로 흘러 들어갔다. 부모님께 도움을 요청할 수도 있었다. 하지만 그러면 '일 그만두고 제주도 내려와서 쉬어라.'라는 말이 먼저 돌아올 걸 알았다.

나는 내 일과 자립을 놓치고 싶지 않았다. 그래서 아픈 몸을 끌고 일터로 나갔다. 약으로도 해결되지 않았고, 통장은 텅 비어 희망을 잃고 있었을 때, 의사는 병명을 알고 '이 병명은 연구에 의하면 수명이 짧다. 모든 병을 끌어올 것이다.'라며 무시무시한 말과 함께 몇 달간 약을 먹었다.

하지만 차도가 없었고, 결국 산정 특례를 받고 주사를 맞기 시작하면서 조금씩 회복되기 시작했다.

그리고 그즈음 마음먹었다.

'원 없이 놀자. 하고 싶은 거 다 해보자.'

콘서트, 여행, 명품, 즐기지 못했던 것들을 즐기기 시작했다. 티켓팅이 된다면 한 달에 몇 번이고 콘서트를 가기도 했고, 친구와 1년에 두 번씩 해외여행을 가기도 했다.

그러다 어느 날, 텅 빈 통장 잔액을 보며 불안이 싹트기 시작했다.

"이제는 정말 돈 모아야 한다. 나 열심히 일한다."

친구에게 선언한 후, 그 결심이 무색하게도 코로나가 시작됐다. 수업은 하나둘씩 취소됐고, 몇 개월 만에 내 월급은 반토막이 났다. 그 시기 지금의 남편을 만났다. 코로나 시절이어서 공연이 취소 되었고, 데이트도 할 수 없었고, 여행도 갈 수 없었기에 새는 돈은 조금 줄었고, 걱정은 됐지만 남편과 둘이 벌기에 괜찮다고 생각했다.

출산을 한 달 앞두고 출산 휴가에 들어간 나는 '이제 곧 애 낳으면 못 놀러 다니겠지?'라는 생각으로 마지막 한 달에 모아뒀던 돈을 펑펑 쓰며 보냈다. 2주에 한 번씩 만나는 남편과 사람이 없는 곳이라면 어디든 여행 다니며 '지금 아니면 우리가 언제 이렇게 다닐 수 있겠어?'하는 마음으로 자유와 행복을 누렸다. 그때는 몰랐다. 그렇게 마음 편히 나가서 커피 한 잔을 마시고, 외식을 하고 여행을 다니는 것들이 '사치'처럼 느껴질 줄은.

출산과 동시에 어려움이 찾아왔다. 아이가 출산 시 호흡 문제로 신생아 중환자실에 한 달 가까이 입원하게 되었다. 갓 태어난 아기를 두고 병원을 오가며, '아이가 무사히 퇴원만 해주면 좋겠다.'라는 마음뿐이었다.

하지만 퇴원 날이 다가오자, 마음 한편에는 또 다른 두려움이 올라왔다.

수납하는 날,

'얼마나 나올까?, 우리 카드로 다 감당할 수 있을까?'

수납 창구 앞에서 내 번호가 불리기까지 얼마나 조마조마했는지 모른다. 막상 금액을 보고 나니 우리나라의 의료보험 혜택에 감탄하면서도 긴장하던 마음이 쿵 하고 내려앉았다.

다행히 아이는 건강하게 퇴원했지만, 나는 '다시는 아이가 아프지 않아야 한다.'라는 생각이 마음 깊이 자리 잡았다.

아이가 또 아프게 될까 봐, 작은 것 하나에도 조심스러워졌다. 장난감 대여, 다들 좋다고 했지만, 그 장난감 하나에도 혹시 바이러스가 묻어올까 무서웠다. 다시는 그 작은 몸으로 병원에 누워있는 모습을 보고 싶지 않았다.

결국, 나는 모든 장난감은 새 제품으로 샀다. 물려받을 곳도 없었고, 누군가는 '별거 아닌 소비'라고 말할지 모르지만, 외벌이 가정에는 결코 가벼운 지출이 아니었다.

이때부터 작은 소비에도 신중해졌고, 마트에서 물건 하나를 고를 때도, 온라인으로 물티슈 하나를 살 때에도 핫딜을 찾으며 두세 번은 더 고민했다.

'이게 현실이구나.' 한숨이 절로 나왔다. 아이가 자랄수록 지출이 줄기는커녕 계속 늘어만 갔다. 외벌이의 무게가 피부에 와 닿기 시작했고, '혹시 내가 다시 아프기라도 하면 어쩌지?'하는 불안으로 나는 아이가 10개월쯤 다시 일을 시작했다.

동시에 우리의 현금 흐름을 알기 위해 은행에 가서 그동안 쓰던 통장들을 정리하는데, ATM 기계에서 쉴 새 없이 인쇄되는 지출 내역에 나 자신도 놀랐다. 집으로 돌아와, 가계 지출의 흐름을 제대로 파악해야겠다는 생각이 들었다. 6개월 치 통장, 카드 명세서를 뽑아 분류하기 시작했고, 불필요한 소비가 눈에 보이기 시작했다.

줄일 수 있는 지출은 줄여 나갔다. 카페 대신 홈 카페, 외식은 줄이고 냉장고 파먹기, 필요한 물건도 장바구니에 담아놓고 며칠씩 고민한 끝에 구매했다. '정말 필요한 것'은 물론 '조금 더 저렴한 것'까지 기준 삼아 소비를 조정해 나갔다. 하지만 줄이기만 해서는 답이 없었다.

세계 최고의 투자자 중 워런 버핏은 이렇게 말했다.

"당신이 잠자는 동안에도 돈이 들어오는 방법을 찾지 못한다면, 당신은 죽을 때까지 일을 해야 할 것이다."

나 역시 매달 같은 돈 안에서 머물다 보면, 결국 불안은 계속될 수밖에 없다는 걸 깨달았다. 그래서 나는 수입을 늘릴 방법을 고민하기 시작했다.

그 무렵, '리치 군인'이라는 카페를 우연히 알게 되었다. 개설

된 지는 얼마 안 됐지만 군인 가족을 위한 재테크 정보가 하나둘 올라오고 있었다. 처음에는 게시글을 보기만 하다 어느 날 남편에게 조심스럽게 말을 꺼냈다.

"우리도 재테크 한번 해볼까?"
"음... 그래, 한번 해 봐"

현실에 만족하며 살고 있던 남편은 시큰둥했고 같이할 생각은 전혀 없어 보였다.

절실했던 나와는 달랐다. 그래서 나는 결심했다. '말'보다 '결과'로 보여주자.

> 누군가를 설득하고 싶다면 입을 열기에 앞서 먼저 스스로 자문해 보라. "어떻게 하면 상대가 이 일을 하고 싶도록 만들 수 있을까?" 그러면 무작정 문제에 부딪힐 때 낭비되는 쓸데없는 헛수고를 덜 수 있다.
> -데일 카네기, 인간관계론 & 자기관리론 중에서

일단 혼자라도 해봐야겠다고 생각하여 '천만원 모으기 챌린지'에 참여하기 시작했다. 매달 일정한 금액을 주식에 투자하여 천만 원을 모으는 도전이었다. 조금씩 수익이 생기기 시작했고,

기대 반 걱정 반의 마음으로 그 결과를 지켜봤다.

사실 나는 과거 -80%까지 손실을 봤던 사람이기에 걱정이 8할이었지만, 이번에는 달랐다. 눈앞에 보이는 숫자가 있었다. 그 수익을 보자 입가에 미소가 새어 나왔다. 그리고 재테크에 무관심했던 남편이 점차 관심을 보이기 시작하였고, 그 일을 계기로 우리는 함께 주식 챌린지, 부동산 스터디, 경매 스터디 등 재테크의 기본은 탄탄히 다져가기 시작했다.

지식만 쌓인 게 아니라 우리의 일상도 달라지기 시작했다. 주말이면 여행 대신 유모차를 끌고 임장도 다니며 작은 계획을 세우기 시작했고, 쉬는 날이 생기면 법원에 가서 경매 진행을 보고 나오기도 했다. 우리는 점차 '돈이 우리 삶을 움직이기 전에, 우리가 돈을 움직여 보자'라는 생각으로 변해갔다.

그리고 그 변화는, 통장 숫자 위에서 분명하게 보이기 시작했다. 외벌이의 무게는 분명 쉽지 않다. 하지만 힘들다고 주저앉아 있으면 아무것도 달라지지 않는다. 중요한 건 단순히 돈을 덜 쓰는 게 아니라, 있는 살림을 다듬고 스스로 지켜내는 힘이다. 그러니 외벌이의 무게에 짓눌리지 말고, 절약도 하고, 재테크도 배우며 작은 것부터 시작해야 한다.

군인복지, 작은 혜택이 큰 힘이 된다.

"PX에서는 간식부터 생필품까지 정말 저렴하게 판다더라"라는 친정엄마의 말을 듣고 솔깃해서 큰 기대를 걸고 아침 일찍 오픈런을 했다. 오픈하기 전인데 벌써 사람들이 줄 서 있는 것이 아니겠는가, 처음 가 본 PX의 풍경은 낯설었다. 저렴한 가격에 대한 기대는 PX의 문이 열림과 동시에 사라졌다.

"이게 다야?" PX 크기가 딱 '구멍가게 수준'이었다. 어릴 적 동네 슈퍼보다도 작은 크기에 물건도 없는데, '이 많은 사람은 왜 오는 거지?'라는 생각을 하며 나왔다. 그 이후 누군가 PX 좋냐고 물으면, "내가 가봤는데 구멍가게야. 물건도 없어."라며 웃으며 말하곤 했다.

그러던 어느 날, 여행지에서 PX에 간 적이 있었는데, '신세계'를 맛봤다. 매장 크기부터 상품의 다양성, 그리고 믿을 수 없는 가격까지 모든 게 달랐다. 'PX는 이런 곳이구나! 집으로 바로 가던 길이었으면 다 쓸어 담고 싶다.'라고 말할 정도였다.

특히, 섬유 유연제의 가격을 보고 깜짝 놀랐다. 너무 저렴해서 '이게 맞나?' 싶었고, 그 이후로는 마트에서 섬유 유연제를 보다가도 "에이, 돈 아깝다."라는 생각이 먼저 들었고, 한번 PX 가격을 알고 나면, 마트 가격으로 다시는 돌아갈 수가 없었다.

아이 간식 가격도 마찬가지였다. 마트에서 한 봉지 사 먹을 가격으로 PX에서는 두세 봉지는 거뜬히 살 수 있었다. 주말에는 PX로 나들이 가는 것이 작은 행복이 되었고, 우리 집 간식 창고는 덕분에 늘 든든했다. 그래서 지금도 과자, 요구르트, 냉동식품, 섬유 유연제만큼은 꼭 PX에서 사는 것이 우리 집의 작은 원칙이 되었다.

군인 혜택 중 의외의 곳에서도 혜택을 받을 수 있었다.

아이와 종종 가던 키즈카페가 있었는데, 국군 복지 포털을 보다가 그 키즈카페가 군인 가족 할인 가맹점으로 등록되어 있다는 사실을 알게 되었다. 키즈 카페는 한번 갈 때마다 잠깐 숨을 고르게 만드는 가격이다. 그런데 할인 혜택 덕분에 '잠깐의 망설임'을 조금은 덜 수 있었다. 주말마다 어디 갈지 고민될 때, 키즈 카페가 부담 없는 선택지가 되어 주었다.

가장 실질적인 도움이 되었던 혜택은 항공권 할인이었다.

나는 제주도 출신이라 친정에 가려면 비행기를 타야 한다. 우리 가족이 제주에 갈 때면, 나는 제주도민 할인, 아이는 재외 제주도민 할인, 남편은 군인 할인은 받고 항공권을 끊는다.

그런데 가장 저렴하게 비행기를 탈 수 있는 사람은 늘 남편이었다. 항공권 한 장에서 수만 원이 절약될 수 있었고, 가족이 함께 이동할 때 그 차이는 더 크게 체감됐다.

군인 가족에게 주어지는 혜택은 겉보기에 작고 사소해 보일 수 있다. 하지만 생활비를 직접 정리하고 관리해 보면, 이런 작은 절약들이 돈이 새는 구멍을 막고 가계에 실질적인 힘이 되어준다는 걸 알게 된다.

오늘 아낀 만 원이 내일의 백만 원이 된다'라는 말도 있지 않은가. PX 한 번, 항공권 한 장, 키즈카페 할인 하나가 생활비의 무게를 덜어주고, 우리 집 경제에 실질적인 보탬이 된다. 이런 작은 혜택부터 놓치지 않고 챙기는 것이 바로 똑똑한 군인 아내의 짠테크 시작이다.

커리어는 환경이 아니라, 도전이 만든다.

나는 내 전공을 살려 본업 분야에서 오랫동안 일해왔다. 10년 넘게 이 일을 하며 누구보다 치열하게, 열정적으로 배웠고 성장해 왔다. 그만큼 인정을 받았고, 성과에 따른 보상도 좋았다고 자부한다. 나는 이 일이 정말 좋았다. 수업을 준비하는 과정부터 아이들의 성장을 지켜보고 상담하며 내가 성장하고 있다는 걸 느꼈다.

무엇보다 내가 잘하는 것은, 아이의 현재 상태를 정확히 파악하고, 그에 기반한 부모의 감정을 빠르게 읽어내며, 그들이 진짜로 원하는 것이 무엇인지를 짚어내는 능력이었다. 그것이 내 상담의 강점이었고, 많은 학부모가 내게 마음을 열 수 있었던 이유이기도 했다.

그렇게 수많은 아이와 부모의 이야기를 듣고, 함께 성장의 방향을 찾아가는 모든 과정이 내가 이 일을 사랑하게 만든 이유였다. 나는 이 일을 시작하면서부터 변하지 않는 신념 하나를 품었다.

'나에게 온 이 아이만큼은 살아가는 데 있어 의사소통이 문제가 되지 않도록 하자.'

나는 모든 아이는 가능성을 품고 성장한다는 것, 그리고 그 가능성이 언어를 통해 더 넓게 펼쳐질 수 있다는 것을 믿고 있었기 때문이다. 그래서 전력을 다했고, 어떻게든 도움이 되고 싶었다. 아이에게 내가 중요한 사람, 도움이 되는 사람이 되고 싶었다.

미국 철학자 존 듀이 John Dewey 는 사람의 본성 중 하나를 '중요한 사람이 되고 싶은 욕망'이라고 표현했다. 나는 그 욕망을, 바로 이 일에서 충족 받고 있었던 것 같다.

하지만 현실은 언제나 내 뜻대로 흘러가지 않았다. 내가 열심히 노력했고, 아이의 변화도 눈에 띄게 좋아졌지만, '또래보다 한참 부족하다'라는 말과 함께 아이의 가능성보다는 비교에 집중하는 시선을 마주할 때, 가정 내에서 노력조차 하지 않을 때, 허탈함과 답답함이 뒤섞인 마음이 하루 종일 마음 한구석을 무겁게 했다.

또 한 번은, 교통사고로 입원한 적이 있었다. 그 소식을 들은 학부모 중 한 분은 이렇게 말했다.

"선생님 수업 때문에 여행도 못 갔는데, 잘됐네요. 이번에 여행 갔다 와야겠어요."

그 말이 참. 별거 아닌 듯 들리지만, 나는 불편하고 서운했다. 내가 사고로 입원한 상황이 누군가에겐 '여행 갈 수 있는 기회'로 여긴 그 말 한마디에 마음이 무너져다.

그동안 아이는 눈에 띄게 성장했고, 특히 언어 발달은 정상 수준에 가까워질 만큼 크게 향상되었다. 함께 기뻐하고, 종결을 바라보며 애써온 시간이 있었다. 그런데 그 모든 시간이 그 말 한마디에 내가 쏟아온 진심과 노력이 한순간에 가볍게 느껴졌다.

그와는 또 다른 날.

아이가 열이 나는데도, 나는 어쩔 수 없이 출근해야 했다. 병원에 들러 혹시 모를 코로나와 독감 검사를 모두 마친 뒤, 해열제를 먹이고, 힘없이 축 처진 아이를 어린이집에 등원시켰다. 편치 않은 마음을 눌러 담은 채, 나는 출근길에 올랐다.

그날, 수업을 시작하기 직전. 수업에 오기로 했던 아이 중 2명이 "열이 나서 못 간다"는 연락이 받았다. 그 순간, 아침에 축 처진 채 인사도 제대로 하지 못하던 우리 아이의 모습이 눈앞에 떠올랐다. 그저 묵묵히 나를 바라보던 그 눈빛은, 몇 년이 지난 지금까지도 내 마음을 아프게 한다.

내가 이 일을 계속할 수 있을까, 처음으로 의문이 들기 시작한 건 그때부터였다. 누구보다 애썼고, 누구보다 진심이었지만, 이 일이 나를 지탱하기보다, 갉아먹는다는 생각이 들기 시작했다. 그래서 완전히 다른 무언가에 도전해 보자고.결심했다.

그게 바로 '이커머스'였다.

'내가 잘할 수 있을까?'

새로 무언가를 시작하는 사람이라면 누구나 한 번쯤 하는 고민과 걱정. 나도 수없이 했다. 하지만 이제는 더 늦기 전에 새로운 길을 만들어야겠다고 생각했다. 시간이 없다는 건 더 이상 핑계가 될 수 없었다.

일을 마친 늦은 밤, 아이가 잠든 후 하루에 3시간, 4시간씩 시간을 쪼개 공부했고 실천했다. 어떤 날은 1시간 자고 출근해야 할 정도로 바빴지만, 멈추면 안 됐고, 멈출 수도 없었다.

커리어는 꼭 '본업' 하나로만 설명되는 것은 아니니까.

나에게 이커머스는 단순한 부업이 아니었다. 정말 단순히 부업이었다면, 수익이 마이너스로 지속되던 날 벌써 내려놓았을지도 모른다. 하지만 나는 계속했다. 이건 '내가 원하는 시간에, 원하는 방식으로 일하기 위한 도전'이었고, 일과 가정 더 나아가 삶의 균형을 다시 세우기 위한 시작이었다.

지금까지와는 전혀 다른 방식으로 돈을 벌고, 다른 방식으로 시간을 쓰기로 마음먹었다. 군인 아내로 살다 보면 환경 탓에 커리어가 휘청거리는 순간이 많다. 하지만 중요한 것은 그 자리에 머무르는 게 아니라, 새로운 길을 찾고 시도하는 용기다.

환경이 바뀌었다고, 번아웃이 왔다고 모든 게 끝난 건 아니다. 본업이 아니어도 괜찮고, 전공이 아니어도 괜찮다. 자신이 원하는 방식으로 시간을 쓰고, 지금의 자신에게 맞는 일을 다시 찾으면 된다. 결국 커리어는 환경이 정해주는 것이 아니라, 내가 어떻게 도전하느냐에 달려 있다.

그러니 이 책을 읽는 당신도 환경 탓에 멈춰 서지 말고, 지금 이 자리에서 새로운 시작을 위한 작은 시도라도 해보기를 바란다.

끝이 아니라, 다시 시작의 기회다.

이커머스를 시작한 뒤, 나는 하루에 4시간 이상 잠을 자본 적이 거의 없었다. 퇴근이 늦은편이라 퇴근하고, 저녁을 먹고, 아이를 씻기고 재우면 어느새 11시. 그때부터가 내 하루의 두 번째 시작이었다.

"내가 잘 표현할 수 있는 상품은 뭘까?"

이 질문을 붙잡고, 관련 키워드를 검색하고, 시장조사를 했다. 경쟁 상품을 분석하고, 소비자 후기를 읽으며 메모장을 채우는 과정은 생각보다 만만치 않았다.

열심히 상품을 구성했다고 생각했지만, 막상 포장하다 보면 '아, 이건 아니다.' 싶은 순간도 있었다. 판매자인 내가 이렇게 느낄 정도면, 고객의 반응은 불 보듯 뻔했다. 역시나 그 상품은 악성 재고로 남았다.

하지만 거기서 멈출 수는 없었다. 구성은 괜찮다고 판단했으니, 이번에는 포장 방식을 바꿔보기로 했다. 다시 상세 페이지를 제작하고 상품을 등록했다. 그리고 놀랍게도 팔리기 시작했다.

물론 금액은 많지 않았다. '월매출 천만 원', '3천만 원 돌파' 같은 말들이 여기저기에서 들려왔지만, 나는 마이너스를 면한 날조차 기뻤다. 심지어 손해 폭이 조금 줄어든 날도 즐거워하자, 남편은 웃으며 물었다.

"아이고 머리야~, 마이너스인데도 기뻐?"

나는 고개를 끄덕였다. 좌절하지 않았던 이유는, 내 든든한 본업이 버텨주고 있었기 때문이기도 했지만, 이 작은 움직임들이 앞으로 더 크게 나아갈 수 있다는 신호처럼 느껴졌기 때문이다.

스스로에게 이렇게 답하라.

"실패하면 안 될 이유는 없어. 실패하더라도 최악은 아니고, 아주 불편할 뿐이야."

-인문학자 김태현, 『타인의 속마음, 심리학자들의 명언 700』,

이 글을 쓰고 있는 지금,

나는 월 매출 천만 원을 찍고 있다. 여전히 상품을 확인하고, 포장하고, 택배를 부치고 나면 시계는 새벽 3시를 가리킨다. 그럼에도 불구하고, 나는 멈추지 않는다.

지인들은 종종 묻는다. "왜 그렇게까지 힘들게 살아?", "오늘만 살 거야?"

나는 웃으며 대답한다.

"내 시간과 가능성을 되찾는 일이니까. 미래를 꿈꾸며 살아야지"

누군가의 눈에는 단순히 '물건을 파는 일'이라고 생각할지도 모른다. 하지만 나에게 이커머스는 선택한 삶을 스스로 이끌어가기 위해 하는 도전이고 내 미래이다.

하루를 마치며 남편에게 '오늘도 우리 고생 많았다.'라고 말할 때, 그 말속에는 '오늘도 내가 선택한 일을 끝까지 해냈다.'라는 뿌듯함이 담겨있다.

월 매출 천만 원은 단순한 숫자가 아니다. 이제 나는 상황에 끌려가는 사람이 아니라, 원하는 방향으로 나 자신을 움직이는 사람이 되었다. 몸이 힘들다고 멈추면, 인생은 거기서 멈춘다. 시간이 없다고 포기하면, 기회도 같이 사라진다. 환경이 안 된다고 발을 빼면, 세상은 절대 내가 원하는 쪽으로 움직이지 않는다.

나 역시 새벽 3시까지 일하는 게 힘들다. 하지만 그 힘듦은 내 선택이고, 그 선택이 내 가능성을 넓히고 있다. 그리고 그 가능성은 어느 날 갑자기 찾아온 것이 아니라, 매일 조금씩, 꾸준히 움직인 결과이다.

당신이 지금 있는 자리에서, 아주 작은 도전 하나를 시작해 보라. 그게 어떤 방식이든, 어떤 크기든 상관없다.

군인 아내의 삶은 매번 예측 불허다. 남편이 당직에 들어가고, 훈련을 가고, 교육을 가면 혼자 모든 걸 감당해야 하는 날이 많다. 그래서 우리는 자꾸 미룬다.

"여유 있을 때 시작해야지."

하지만 그 '여유'는 절대 스스로 찾아오지 않는다. 오히려 그

틈 사이, 단 10분이라도 붙잡아 무언가를 시작해야 한다. 작은 움직임이 쌓이면, 어느 순간 '나도 여기까지 올 줄 몰랐다.'라는 날이 온다.

나는 지금 그 길 위에 있다. 작은 도전은 거창한 준비에서 시작되는 게 아니다. 군인 아내의 삶은 늘 예측할 수 없지만, 그 안에서 내가 선택한 단 10분이 미래를 바꾼다. 결국 중요한 건 상황이 아니라, 지금 당장 내가 내딛는 그 한 걸음이다.

강아란 03
내 안의 힘으로,
흔들려도 무너지지 않게

군인 아내의 삶은 늘 예측 불가능하다.

남편의 훈련, 발령, 긴 교육 일정은 우리의 일상을 끊임없이 흔든다. 그 변화를 내가 막을 수는 없다. 하지만 흔들리지 않고 버틸 힘은 내 안에서 키울 수 있다. 나는 감정을 억누르지 않고 다스리는 법을 연습했고, 작은 습관으로 하루의 리듬을 만들었으며, 단절과 변화 속에서도 도전하는 법을 배웠다. 완벽하진 않아도, 그 덕분에 흔들려도 무너지지 않고 여기까지 올 수 있었다.

이제 당신에게도 권하고 싶다.

감정을 흘려보내고, 하루를 채워가고, 변화 속에서 다시 도전해 보자. 환경은 늘 바뀌지만, 그 안에서 어떻게 살아낼지는 결국 우리가 선택할 수 있다. 이 장에서는 감정을 다스리는 힘, 하루를 지켜주는 작은 습관, 그리고 단절 속에서도 다시 도전하는 힘에 관해 이야기하려 한다.

감정을 다스리는 힘

남편의 훈련, 갑작스러운 발령 소식, 긴 교육 기간까지. 그 안에서 나는 외로움, 서운함, 답답함 같은 감정을 수없이 느꼈다. 남편이 교육으로 장기 부재중이던 시기, 나도 모르게 예민해져 있었고, 아이의 사소한 실수에도 화가 치밀었지만, 꾹 참고 있는 나를 발견했다. '내 기분이 아이에게 전가되지 않게 하자'는 생각으로 애썼지만, 그동안 쌓여온 감정들은 마음속 양동이에 가득 찬 물처럼 조금만 흔들려도 넘쳐버릴 것만 같았다.

그때 깨달았다. 감정은 참는다고 사라지지 않는다. 억누른다고, 아무렇지 않은 척한다고 덜 힘들어지는 것도 아니다. 감정을 무시하면, 그건 사라지게 아니라 마음 한구석에 쌓였다가 더 무겁게 돌아온다.

> "감정을 잘 다루어야 인생을 잘 다룰 수 있다.
> 감정 문제가 곧 인생 문제다."
> 인문학자 김태현, 『타인의 속마음, 심리학자들의 명언 700』

그래서 나는 '억누르지 않고, 정리하고 흘려보내는 방법'을 선택했다. 여기서 '흘려보낸다'라는 건 마음속 감정을 무시하거나 무작정 터뜨리는 게 아니다. 있는 그대로 인정하고, 꺼내어 바라보고, 내 안에서 질서를 찾아주는 과정이다.

나는 매일 밤, 조용히 노트를 꺼냈다.

먼저 브레인 덤핑(Brain Dumping). 머릿속에 복잡하게 얽힌 생각, 감정, 걱정거리를 마인드맵처럼 종이에 전부 꺼내 적었다. '정리해야 한다'라는 압박 없이, 그냥 있는 그대로 쏟아내는 것이다.

그 다음은 감정 디클러터링(Emotional Decluttering) 꺼낸 내용들을 보며 '내가 통제할 수 있는 것'과 '없는 것'을 나눴다.

바꿀 수 없는 것은 과감히 지우기
지금 할 수 있는 것은 표시하기
느낄 수밖에 없는 감정은 '그럴 수 있지'하고 다독이기

이 과정을 반복하다 보면, 무질서했던 마음이 차분해지고 소용돌이치던 머릿속도 감정의 무게도 조금씩 가벼워졌다.

군인의 아내로 살아가다 보면, 예측하지 못하는 환경에 내 마음을 내가 통제하기 어려운 순간이 정말 많아. 그럴 때 이 방법을 한 번 해보길 권한다.

머릿속에만 굴러다니는 생각을 꺼내 적는 순간, 마음속 혼란이 눈에 보인다. 그 혼란을 내 의지로 '바꿀 수 있는 것'과 '바꿀 수 없는 것'으로 구분하는 순간, 생각과 감정은 한결 가벼워진다.

이건 거창한 심리 수업이 아니다.

펜과 종이, 그 작은 도구만 있으면 된다. 적어 내려가는 순간, 흩어졌던 마음은 정리되고 감정의 무게도 가벼워진다. 이건 단순한 기록이 아니라, 내 마음을 스스로 다스리는 시작점이다.

그리고 이렇게 감정을 다루는 힘이 생기면, 군인 아내의 삶에서 불쑥 찾아오는 예측 불가능한 순간에도 훨씬 유연하게 대처할 수 있다.

남편이 훈련에 들어가고, 퇴근을 못 하게 되고, 집안의 모든 결정이 나 혼자에게 넘어와도 감정에 휩쓸려 흔들리기보다 '지금 내가 할 수 있는 일'에 집중할 수 있게 된다.

감정을 다스리는 건 단순히 기분 좋게 만드는 게 아니다.

예측 불가능한 시간을 내 시간으로 바꾸는 힘이 된다. 결국 감정을 다스리는 건, 흔들리는 상황 속에서도 나를 잃지 않는 방법을 배우는 일이다.

하루를 움직이는 힘

군인 아내의 하루는 계획대로 흘러가기 어렵다. 아침에 세운 일정이 남편의 갑작스러운 일정, 아이의 컨디션 하나로 완전히 뒤집히는 날도 많다. 그래서 나는 예측 불가능한 하루 속에서 나를 지켜주는 작은 습관을 만들기를 권한다.

이 작은 습관은 거창하지 않아도 된다. 밥 대신 시리얼을 주는 날이 있어도 좋고, 청소를 건너뛰는 날도 괜찮다. 아이가 TV를 더 보는 날, 그 시간에 내 리듬을 만드는 작은 습관 루틴을 정해서 해보자.

독서 10분 - 한 장을 읽고 밑줄 긋기
스트레칭 5분 - 목, 어깨, 허리 간단히 풀어보기
감정 기록 - 오늘 느낌 감정 한 줄 적기
차 한잔 마시기 - 아무 방해 없이 나를 위한 시간 갖기
창문 열고 환기하기 - 공기와 함께 내 생각도 리셋하기

내일 한 가지 목표 적기 - '내일은 이거 하나만 하자' 정하기
고마운 일 1개 적기 - 작아도 감사한 순간 찾아 적기

온전히 나를 위해 작은 목표를 정해서 지켜보는 것이다. 남편의 일정, 집안일, 육아에 따라 시계가 계속 변하지만, 이 작은 습관은 그 시계의 중심을 내가 쥘 수 있게 해준다.

무엇보다 중요한 건, 완벽한 하루를 기대하지 않는 것이다. 집안일이 다 끝나지 않아도, 계획이 절반만 진행돼도 괜찮다. 내가 정한 '최소한의 기준'을 지켰다는 것만으로도 충분하다.

이 기준들은 매일 변하는 환경 속에서 내가 무너지지 않는 버팀목이 된다. 지금 현실 속에서의 변화를 막을 수 없다면, 변화를 견디는 힘을 길러야 한다. 그 힘은 거창한 계획이나 대단한 목표에서 오는 게 아니다. 지금 이 자리에서 내가 당장 할 수 있는 '작은 행동'에서 시작된다.

내 리듬을 만든다는 건, 내 하루를 내 방식대로 세운다는 뜻이다. 그리고 작은 습관들이 모여 리듬이 될 때, 예측 불가능한 환경 속에서도 우리는 흔들리더라도 무너지지 않는 힘을 얻게 된다.

미래를 여는 힘

군인 아내로 산다는 건, 변화와 예측 불가능함을 일상으로 받아들이는 일이다. 남편의 훈련 일정, 발령 소식, 이사, 그리고 그로 인한 생활과 경력의 변동. 이 모든 건 나를 수없이 새로운 출발선에 세웠다.

이사 한 번에 주소만 바뀌는 게 아니다. 아이의 어린이집과 병원, 동네 마트와 심지어 단골 미용실까지도 바꿔야 한다. 그리고 나의 경력에도 큰 공백이 생긴다. 좋아하던 직장, 인정받던 자리, 오랜 시간 쌓아온 동료 관계. 모두 뒤로하고 낯선 곳에서 처음부터 다시 시작해야 했다.

그 공백은 생각보다 무거웠고 무서웠다. 아무도 나를 모르는 곳에서, 내가 무엇을 잘하는 사람인지조차 알리지 못한 채 다시 세워야 했다. 때로는 '내가 지금 뭘 하고 있는 거지?'하는 허무함이 몰려오기도 했다.

하지만 나는 깨달았다. 환경이 바뀌었다고 해서, 내 커리어까지 멈춰야 하는 건 아니었다. 멈춘 듯 보였던 시간은 나는 다른 방식으로 준비시키고 있었다.

그래서 나는 어디서든 이어갈 수 있는 공부를 시작했다. 자격증을 준비했고, 온라인 강의를 들었고, 새로운 분야인 이커머스에 도전했다. 새로운 곳에서의 생활이 내 커리어를 끊는 게 아니라 확장하는 계기가 되도록 만든 것이다.

군인 아내로 살면서 얻은 가장 큰 자산은 '적응력'이었다. 계속 바뀌는 환경 속에서 다시 발을 딛고, 새로운 관계를 만들고, 나를 증명하는 능력. 이건 그 어떤 직장에서도 쉽게 얻을 수 없는 경험이다.

그리고 그 모든 시간을 함께 견딘 사람, 남편은 내 삶에서 가장 큰 버팀목이었다. 계속되는 이사와 낯선 환경 속에서 우리는 점점 더 끈끈해졌고, 서로에게 더 많이 의지하게 됐다.

우리 남편은 나를 딸처럼 챙긴다. 한 번은 데일 카네기의 인간관계론을 읽고 내 이야기에 더 반응을 잘해주고, 궁금해하고, 눈을 맞추며 경청해 주는 모습을 보였다. 너무 성실해서 내가 농

담처럼 "요즘 인간관계론 다시 읽고 있어?"라고 말했을 정도다.

그렇게 서로를 알아가고, 응원해 주는 사이. 남편이 있었기에 버틸 수 있었고, 가족이라는 울타리가 있었기에 도전할 수 있었다.

혹시 지금, 경력 단절이라는 단어 앞에서 주저앉고 싶은가? 변화는 끝이 아니라 시작이며, 단절은 공백이 아니라 성장의 간격이라는 것을 꼭 기억하길 바란다.

그 시간 동안 배우고, 시도하고, 작은 성취를 쌓아 나가면, 그 자체가 당신의 새로운 이력서가 된다. 그리고 그 길 위에서, 당신은 생각보다 훨씬 멀리 나아가 있을 것이다.

그리고 나는 이제 안다. 변화와 단절은 내 삶을 끊어내는 것이 아니라, 새로운 길을 열어가는 과정이었다. 흔들릴 수는 있어도, 그 안에서 다시 배우고 도전한다면 우리는 언제든 앞으로 나아갈 수 있다.

그 힘이 있기에, 나는 군인 아내로서도, 나 자신으로서도 끝까지 당당히 서 있을 수 있다.

그리고 이제는 당신 차례다. 이 책을 덮은 지금, 주저하지 말고, 작은 것부터라도 도전해 보라. 기다림에 머무르지 말고, 움직이며 채워갈 때 삶은 분명 달라진다.

당신도 충분히 해낼 수 있다.

에필로그

군인 아내로 산다는 건, 늘 예측 불가능한 시간 위를 걷는 일이다. 계획은 쉽게 무너지고, 기다림은 끝이 없으며, 때로는 감당하기 벅찬 무게가 우리를 짓누른다.

하지만 나는 그 안에서 배웠다. 버티는 것만으로는 삶이 채워지지 않는다는 것을. 작은 습관 하나, 짧은 기록 한 줄, 아주 소소한 도전 하나가 무너진 일상에 다시 숨을 불어넣는다는 것을.

나는 군인의 아내이자, 엄마이자, 동시에 나 자신이다. 흔들리더라도 무너지지 않고, 멈추지 않고 앞으로 나아가며, 그 과정에서 더 단단해졌다.

이제 이 이야기를 덮는 당신에게 건네고 싶다. 삶이 내 마음대로 되지 않아 답답한 순간이 오더라도, 주저앉지 말고, 작은 움직임부터 시작하길.

그 시작이 쌓이면, 어느 날 분명 당신도 '나도 여기까지 올 줄 몰랐다'라고 생각할 날을 만나게 될 것이다.

군인 아내로서의 나, 그리고 한 사람으로서의 나. 나는 오늘도 그 길 위에 있다. 그리고 당신 역시 당신만의 길을 만들어 갈 수 있다.

부록 : 군인가족 필수 지식

군인가족을 위한 군인이사 A to Z 〈김소혜〉

1. 관사 배정과 대기

부대 발령이 나면 제일 먼저 챙겨야 하는 게 관사 문제입니다. 사실 바로 들어갈 수 있는 경우는 거의 없고, 보통 3개월에서 길게는 1년까지 기다려야 해요. 그동안은 남편은 부대 내 독신자 숙소에서 지내고, 가족은 기존 관사에 머물면서 주말부부로 지내는 경우가 많습니다. 저희도 첫 번째 관사를 받을 때는 6개월을 기다렸습니다. 두 번째 관사는 운 좋게 바로 들어갔지만, 너무 시골이라 많은 분들이 군 전세 받아서 도시 쪽으로 나가시더라고요. 이런 경우는 드물고, 대부분은 기다림을 감수해야 한다고 보시면 됩니다. 관사가 나오면 보통 한 달 안에 이사를 해야 하니, 발령이 나면 바로 이사 준비를 시작하는 게 좋습니다.

2. 이사 준비와 이사업체

관사 이사에서 가장 중요한 건 포장이사 업체를 고르는 일입니다. 업체가 워낙 많다 보니 가격도 다르고 서비스도 제각각이라 고르기 힘들죠. 저는 이사 매칭 플랫폼을 이용했는데, 날짜와 주소만 입력하면 업체 세 곳 정도를 연결해 주고, 그 업체들이 직접 전화를 줘서 견적 일정을 잡을 수 있어 편했습니다.

이사업체는 한 달 전쯤에는 확정하는 게 안전하고, 입주청소 업체는 늦어도 2주 전에는 예약해야 합니다. 견적 받을 때는 버릴 짐은 미리 말씀드려야 하고, 짐도 한데 정리해 두는 게 좋아요. 전문가들이 감안하긴 하지만 깔끔하게 정리해 두면 견적에 유리합니다. 마지막으로 꼭 해야 할 건 현재 관사에 퇴거일을 미리 알려주는 겁니다. 이걸 놓치면 괜한 불이익이 생길 수 있어요.

3. 인터넷 이전 설치

이사 후에 인터넷이 안 되면 정말 불편합니다. 그래서 반드시 미리 준비해야 하는데요, 최소 2주 전에는 예약하는 게 좋아요. 특히 이사철이나 주말은 기사님 예약이 금방 마감됩니다. 모뎀이나 공유기 같은 장비는 꼭 챙기셔야 하고, 잃어버리면 추가 비용이 발생할 수 있습니다.

통신사별 신청 방법은 간단합니다.

- KT: 100번 전화 또는 마이케이티 앱
- SK브로드밴드: 106번 전화 또는 홈페이지
- LGU+: 101번 전화 또는 유플러스 앱

이전 설치 비용은 세 통신사가 동일합니다.
- 인터넷 단독: 평일 36,300원, 주말 56,100원
- 인터넷+TV: 평일 45,375원, 주말 70,125원

만약 새 관사에 지금 쓰는 통신사가 안 들어간다면 해지를 해야 하는데, 이 경우 위약금이나 신규 설치비용이 추가로 들 수 있으니 주의하세요.

4. 가전 철거와 재설치

군인가족 이사에서 제일 골치 아픈 게 가전 이전 설치입니다. 삼성이나 LG 공식 서비스를 이용하면 확실하긴 하지만 비용이 정말 비쌉니다. 에어컨 하나만 해도 수십만 원이 훌쩍 넘지요. 제 경험상 철거는 이사업체에 맡기고, 재설치가 까다로운 가전만 전문 기사님께 맡기는 게 좋았습니다.

특히 꼭 전문가에게 맡겨야 하는 가전은

- 에어컨: 가스를 모으는 과정이 필수인데, 이걸 놓치면 이사 후 가스 충전 비용이 추가로 발생합니다.

- 세탁기·건조기: 베란다 공간 문제로 직렬·병렬 연결을 바꿔야 할 때 전문 기사가 필요합니다.

- 식기세척기: 호스 길이나 수전 연결 문제가 있어 직접 설치가 쉽지 않습니다.

사설 업체를 이용하면 비용도 절약됩니다. 예를 들어 스탠드 에어컨 철거·재설치와 가스 충전까지 23만 원, 세탁기·건조기 재설치는 12만 원대, 식기세척기 재설치는 5만 원 정도 들었습니다. (2024년도 기준)

5. 입주 점검과 하자 체크

새 관사에 들어갈 때 설레기도 하지만 긴장도 됩니다. "곰팡이는 없을까, 벽지는 괜찮을까?" 걱정이 많아지죠. 그런데 가장 중요한 건 꼼꼼히 기록을 남기는 것입니다. 벽지 얼룩, 못 자국, 장판 찍힘, 방충망 찢김, 주방 후드 작동 여부, 수압과 배수 상태까지 사진과 동영상으로 남겨 두세요. 날짜와 시간이 나오도록 찍으면 더 확실합니다. 작은 하자라도 입주 전에 기록하지 않으면 나중에 퇴거할 때 본인이 책임을 져야 할 수도 있습니다.

줄자를 챙겨가서 커튼 길이, 가구 배치, 식기세척기 자리 등을 미리 재어 두면 큰 도움이 됩니다. 어떤 관사는 입주 점검카드를 작성하게 하는데, 반드시 세세하게 기록해 두셔야 합니다. 벽지 한 면만 훼손돼도 15만 원 이상, 마루 손상은 150만 원 이상 물어내야 하는 경우가 있으니 주의하세요.

하자 점검표 예시		
세부 사항	V / X	메모
시트지 자국 또는 스티커 자국		
베란다 및 화장실 곰팡이		
베란다 : 방충망 찢어짐, 유리 파손		
장판 : 찍힘 / 찢어짐, 변색		
도배 : 찢어짐, 얼룩, 누수자국		
벽 : 페인트칠, 못자국, 콘크리트 가루		
싱크대 : 배관 누수, 타공 / 파손		
수도 : 수압, 배수구 물고임 / 막힘		
주방 후드 작동 상태		
가스레이지 사용시 LNG / LGP 여부 * 연료 종류에 따라 가스분사 어댑터 교체 필요 (제조사 문의)		
주방 서랍장 파손 / 작동 상태		
커튼 레일 파손 상태		
입주 점검표 예시		
거실, 방, 주방, 베란다 등 콘센트 위치 파악		
가구 배치 생각하기		
실측 : 커튼, 식기세척기, 각종 가구 등 공간		
전 입주자가 사용한 계량기 사진 남기기		

6. 공과금 정산

이사할 때 공과금도 정리해야 합니다.

- 전기세: 한국전력(123)이나 '스마트한전' 앱을 통해 계량기 검침 수치를 알려주고 정산합니다. 자동이체나 고지서 서비스도 해지해야 합니다.

- 수도세: 관리비에 포함되기도 하지만 아닐 경우, 다산콜센터(120)를 통해 관할 수도사업소에 연락해 정산합니다.

- 가스비: 한국도시가스협회 홈페이지에서 관할 업체를 확인하고, 전출 검침과 전입 설치를 예약해야 합니다. 입주청소일에 맞춰 설치하면 뜨거운 물을 사용할 수 있어 유용합니다.

- 관리비: 관리사무소에 퇴거일을 알리고 퇴거 점검 후 정산합니다. 자동이체 설정을 잊지 말고 해지하세요.

7. 군인 이사비·화물비 지원

군인 이사는 잦다 보니 비용이 정말 부담스럽습니다. 포장이사 비용에 가전 재설치비까지 합하면 금액이 꽤 크지요. 이런 점을 고려해 국방부에서는 이사화물비, 즉 수송임 제도를 운영하고 있습니다. 현역 군인이나 가족이 전속 명령으로 이사를 해야 할 경우, 일부 비용을 보전해주는 제도입니다. 단독이사(본인만 전입)와 가족이사(가족 모두 전입)로 나뉘며, 인사명령과 주소이전이 완료되어야 신청 가능합니다.

지원 여부는 상황에 따라 다릅니다. 최초 보임 시와 5년 미만 근무 후 전역 시에는 가족이사만 지원되고, 5년 이상 근무 후 전역하거나 전직지원 교육을 받을 때는 단독과 가족 모두 한 차례 지원됩니다. 6개월 이상 파견이나 교육도 단독, 가족 모두 지원됩니다. 단독이사는 정액으로 지급됩니다.

이사 화물비는 이사업체를 사용한 실비용과는 상관없이 기존 주소에서 새로운 주소로 이전한 거리를 기준으로 합니다. 국방부에서 사용하는 맵과 일반 지도상의 거리가 약간 차이날 수도 있는데 대략 200만 원 전후로 이사후 지급받는다고 생각하면 됩니다.

절차는 이렇습니다. 먼저 국방수송정보체계(DTIS)에 가입한 후, 이사화물 수송임 및 가족 여비 신청서를 작성해 소속 부대 군수처에 제출합니다. 필요한 서류는 전속 인사명령지와 주소변동 기록이 포함된 주민등록등본입니다. 신청은 인사명령일 기준 1년 이내에 해야 하고, 기한을 넘기면 신청이 불가능합니다. 자녀가 중3, 고3일 경우에는 졸업년도 12월 말까지 신청할 수 있습니다.

지원 금액은 거리 구간에 따라 달라지고, 다자녀 가구는 10% 추가로 지원됩니다. 저희 가족은 신청 후 1~2개월 만에 지원금을 받았고, 실제 이사비의 약 80% 정도를 받았습니다. 가전 재설치비까지 다 충당되지는 않았지만 큰 도움이 됐습니다.

이사화물비 지급 기준 (2024년 기준, 국방부)		
* 도서 지역은 별도의 규정이 있습니다.		
거리 (km)	지원 금액	다자녀가구 (10% 추가)
40 이하	119	12
41~80	138	14
81~120	151	15
121~160	172	17
161~200	188	19
201~240	210	21
241~280	222	22
281~320	230	23
321~360	246	25
361~400	255	26
401~440	270	27
441~480	280	28
481 이상	289	29

8. 마무리

군인가족의 이사는 일반 가정의 이사보다 훨씬 잦고 준비 기간도 짧습니다. 지원 제도가 있긴 하지만 실제로 들어가는 비용과 에너지는 만만치 않습니다. 그래서 선배 군인가족들이 늘 강조하는 말이 있습니다.

"준비하고, 꼼꼼히 기록하고, 비용은 최대한 아끼자."

저 역시 같은 마음입니다. 이 과정은 힘들지만, 동시에 새로운 시작이기도 합니다. 준비만 잘하면 부담은 줄고, 새로운 집에서의 생활은 더 편안해질 수 있습니다.

군인회관 이용 가이드 <김소혜>

　군 생활 중 가족과 함께 편안히 머무를 수 있는 군인회관은 군인가족에게 큰 힘이 되는 공간입니다. 전국에는 총 97개의 군인회관이 운영되고 있으며, 서울, 경기, 충청, 전라, 경상 등 전국 각지에 고루 분포해 있습니다. 특히 최전방 지역인 강원도에 가장 많은 회관이 위치해 있어 휴가를 강원도에서 보내려는 분들에게는 저렴한 숙박과 좋은 위치라는 두 가지 장점을 동시에 누릴 수 있습니다.

　군인회관 예약은 육군 휴드림(休dream) 홈페이지에서 가능합니다. 이름처럼 군인에게 휴식을 드린다는 의미를 담고 있으며, 전국 회관의 위치, 잔여 객실 수, 비치 도구, 편의 시설 등 필요한 정보를 확인할 수 있습니다. 다만 로그인을 통해 군인 또는 군인가족임을 인증해야 이용이 가능합니다.

　예약 방법은 간단합니다. 원하는 지역을 클릭하면 회관의 위치와 연락처, 운영시간, 공지사항, 인근 관광지 등을 확인할 수 있습니다. 여행 경로나 주변 맛집을 고려해 회관을 선택하면 더욱 알차게 이용하실 수 있습니다. 이어서 입실일과 퇴실일을 선택하고 잔여 객실을 확인한 뒤 예약을 확정하면 됩니다. 주중에는 비교적 여유가 있지만 주말에는 객실이 빨리 마감되므로 서둘러 예약하는 것이 좋습니다.

군인회관은 가격 면에서도 매우 합리적입니다. 2인 숙소는 평균 5만 원, 4인 숙소는 평균 10만 원 선으로 일반 숙소에 비해 훨씬 저렴합니다. 시설 또한 깔끔하게 관리되고 있어 만족도가 높은 편입니다.

일부 회관은 자체 식당을 운영하며, 삼겹살을 비롯한 다양한 음식을 합리적인 가격에 제공합니다. PX가 입점된 회관도 있어 간단한 생필품과 군 전용 물품을 구입할 수도 있습니다.

만약 예약을 취소해야 하는 상황이 생기면 환불 규정을 반드시 확인하셔야 합니다. 예를 들어 숙박 7일 전까지 취소하면 전액 환불이 가능하고, 숙박일 6일 전부터는 일정 비율이 차감되어 환불됩니다. 환불 기준은 공정거래위원회 고시와 소비자보호법을 바탕으로 마련되어 있어, 예약 전 미리 숙지하면 불필요한 손해를 줄일 수 있습니다.

군인회관은 단순한 숙박시설을 넘어, 군인과 가족이 안심하고 머무를 수 있는 쉼터이자 여행의 거점이 됩니다. 전국 어디에서든 가성비 높은 숙소를 찾으신다면, 군인회관을 적극적으로 활용하시길 권합니다. 깨끗한 시설, 저렴한 가격, 그리고 군인 가족만이 누릴 수 있는 혜택이 기다리고 있습니다.

육군휴드림 군인회관 예약 방법

지역을 선택하고 원하는 위치를 확인하여 회관 클릭!

예시로, 로카우스 호텔을 예약해보겠습니다. 지역선택에서 서울을 선택 후, 로카우스 나인트리 호텔을 선택합니다. 이 위치한 장소, 운영시간, 전화번호를 확인할 수 있습니다. 부대시설로 수영장, 피트니스룸, 비즈니스룸, 코인 세탁실을 이용할 수 있음을 확인할 수 있습니다.

예약자 신분 선택, 희망 입실/퇴실일자 선택하면 숙소현황을 확인할 수 있습니다.

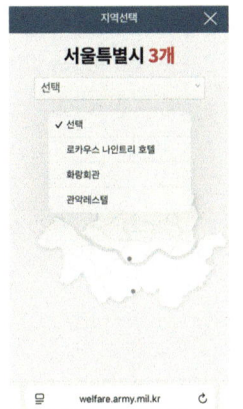 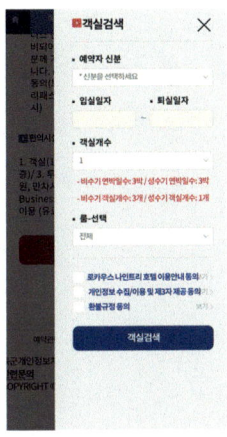

로카우스 호텔은 서울에 위치한 최고급 호텔이라 다른 회관에 비해 가격이 다소 비싸지만 군인 신분으로 예약하면 일반 숙박비용보다 훨씬 저렴합니다. 그 외에 다른 회관은 평균 3~5만원대로 예약 가능합니다. 체크인 시 군인 신분증, 휴가증, 밀리패스 등 공식 신분증 원본을 반드시 지참해야 합니다. 예약자 신분에 따라 예약 일정이 제한되는 경우도 있으니 미리 확인하시길 바랍니다.

항공사별 군인 할인혜택 총정리 <강아란>

진에어

- 할인 대상 : 군인, 군무원, 국방부 공무원 본인
- 할인율 : 주중, 주말, 성수기 정상 운임의 10% 할인
- 이용 방법 : 진에어 홈페이지 및 모바일을 통해 예약

에어부산

- 할인 대상 : 군인, 군무원, 국방부 공무원 본인
- 할인율 :
    * 부산 ~ 김포 : 평일 15% 할인, 주말 10%할인
    * 제주 노선 : 평일, 주말 포함 10%
    * 일본(5~6%) : 후쿠오카, 오사카, 도쿄, 삿포로
    * 중국(4~5%) : 칭타오, 시안(서안), 옌지(연길), 장자계, 홍콩, 마카오
    * 동남아/괌(4~5%) : 타이베이, 가오슝, 세부, 씨엠립, 다낭, 괌
- 이용 방법 : 에어부산 홈페이지에서 기업회원 가입
    * 기업명 : 국군수송사령부
    * 기업 코드 : TR (국군복지포털 가입 후 확인)
    * 로그아웃 한 뒤 다시 로그인 후 항공권 예약 및 결제

티웨이

- 할인 대상 : 군인, 군무원, 국방부 공무원 본인
    * 국제선은 군인 가족도 가능

- 할인율
    * 국내선 : Normal 운임의 25% (성수기는 10% 할인)
    * 국제선 : Normal 및 Smart 운임의 7% (Event 운임 제외)
    * 비수기, 성수기에는 할인 미적용

- 이용 방법
    * 티웨이 항공 홈페이지 및 모바일을 통해 예약
    * 프로모션 코드 : 16TW 입력 (국군복지포털 가입 후 확인)

제주항공

- 할인 대상 : 군인, 군무원, 국방부 공무원 본인, 군인 가족도 가능!
- 할인율
    * 국내, 국제 전 노선 할인 운임 + 7 ~ 최대 11% 추가할인(성수기 제외)
    * 단, 국내선 편도 3만원 이상, 국제선 왕복 12만원 이상 시 사용 가능
- 이용 방법
    * 제주항공 홈페이지 접속
    * 홈페이지 상단 기업우대 서비스 선택 후 기업 코드 등록
    * 기업명 : 국군수송사령부
    * 기업 코드 : RO***** (국군복지포털 가입 후 확인)

직업군인이라면 공무원증 하나로 쏠쏠한 혜택 누릴 수 있어요. 다음 비행 전, 이거 꼭 기억하세요!

군인 가족 출산 육아 지원 제도 총정리! 〈강아란〉

출산 휴가

- 대상 : 군인, 군무원 모두 사용 가능!
- 혜택 : 출산 전후로 90일 휴가 (다태아 임신 시 120일)
  * 단, 출산 후 휴가 기간이 45일(다태아 임신 시 60일)
- 미숙아 출산 시, 출산 휴가 100일
- 남성 군인, 군무원은 총 20일 (다태아 출산 시 25일)
- 배우자 출산일로부터 120일 이내 기간 중 3회 분할 사용 가능!
- 둘 이상 임신 시, 150일 범위 내 5회 분할 사용 가능

유사산 시 지원

- 여성 군인 및 군무원이 유·사산을 했을 때 임신 유지 기간에 따라 휴가 신청
- 여성 군인 및 군무원이 유·사산을 했을 때 임신 유지 기간에 따라 당직근무, 야간근무(21시~08시) 및 공휴일 등의 근무 제한
- 여성 군인 및 군무원이 유·사산하여 1년이 경과되지 않은 경우에는 당해연도 체력검정을 일시보류(1등급 부여)

군인공제회 출산 축하금

- 군인공제회 회원으로 출산일 기준 회원 퇴직급여 10구좌(5만원) 이상 가입 및 1회 이상 납입 자
- 혜택 : 첫째 자녀 30만 원, 둘째 자녀 60만 원, 셋째 자녀 90만 원, 넷째 이상 자녀 150만 원
    * 쌍둥이 자녀 출산 시 출산 축하금 2명 모두 지급.
    * 군인공제회 부부가 모두 회원이면 각각 출산 축하금 수령 가능!
    * 청구 시효 기간 3년 이내.

맞춤형 출산 축하 복지 포인트

- 혜택 : 둘째 자녀 출산 시 200만 원, 셋째 자녀 이상 출산 시 자녀당 1회 한해 300만 원 포인트 지급
- 가족 수당 신청 후, 분기 마지막 달 1일(3월, 6월, 9월 1일) 이전 승인 받으시면 해당 분기 복지 포인트 지급 시 합산 지급
- 단, 출산 축하 복지포인트는 해당연도 11월 30일까지 사용해야 합니다. 날짜 지나면 소멸됩니다.
- 관련 문의처 1544-9090, 1599-9090

육아휴직

- 신청 조건 : 자녀가 만 8세 이하 또는 초등학교 2학년 이하일 경우
- 기간 : 1년 유급, 자녀 1명당 최대 3년까지 분할 사용 가능
- 급여 및 지원 : 1~3개월 월 최대 250만 원, 4~6개월 월 최대 200만 원, 7~12개월 월 최대 160만 원까지 지급 (2025년 기준)

육아 시간

- 필요시 36개월 범위 내, 1일 2시간의 육아시간 사용 가능
- 신청 조건 : 자녀가 만 8세 또는 초등학교 2학년 이하일 경우, 9세가 되는 생일 전날, 초등학교 3학년이 되는 날(해당 학년 3월 1일)의 전날 두 요건 중 하나만 충족해도 사용 가능
- 유의 사항
  * 육아 시간 사용 시 일 최소 근무시간은 4시간 이상이어야 함.
  * 모성보호 시간과 중복하여 사용 불가
  * 사용한 날을 기준으로 1일 공제, 2시간 미만의 시간을 사용하더라고 1일 사용한 것으로 간주

자녀 돌봄 휴가

- 자녀 또는 손자녀에 대하여 자녀 돌봄 휴가 신청 가능
- 신청 조건
  * 어린이집 및 유치원, 초중고등학교의 휴업, 휴원, 휴교, 임시 휴업, 방학, 재향 휴업, 감염병으로, 재난 등으로 개학 연기, 온라인 재택 수업 시,
  * 어린이집 유치원, 초중고등학교의 공식 행사 참여 및 교사와의 상담
  * 미성년자 또는 장애인인 자녀 또는 손자녀의 병원 진료(예방접종, 건강검진 포함)에 동행하는 경우
  * 장애인 자녀가 있거나 한부모 가정의 경우 유급 휴가 1일 추가
  예) 미성년 자녀가 2명인 한부모 가정일 경우 유급 휴가 최대 4일

탄력근무제

육아를 위하여 출퇴근을 1일 8시간 근무 유지하되, 출근 시간 기준 1~2시간 전후 범위 내 30분 단위로 신청 가능
- 신청 조건 : 15세 이하(취학 중인 경우 중학교 3학년 이하) 자녀, 신체 및 정신적 장애가 있는 19세 이하의 자녀
- 부부 군인, 군무원이 각각 신청 및 사용 가능

당직 근무 면제

- 여성 : 3자녀 이상 마지막 자녀 임신 시부터 마지막 자녀 초등학교 입학 전까지 당직 근무 면제.
   * 단, 출산 7개월 이후부터는 실제 자녀와 동거 및 양육을 할 때에 한 함.
- 남성 : 4자녀 이상 시 당직 근무 면제
   * 3자녀 남성은 장성급 지휘관에게 위임하여 면제 기준 판단 및 적용 가능

가족 수당

배우자 4만 원, 첫째 자녀 5만 원, 둘째 자녀 8만 원, 셋째 자녀 이상은 12만 원, 그 외 부양가족은 2만 원의 가족 수당
부양가족의 수는 4명 이내, 자녀의 경우 부양가족 수가 4명을 초과하더라도 가족 수당 지급
출산휴가부터 육아휴직, 가족수당까지 몰랐다면 오늘부터 꼭 챙기세요! 우리는 군인 가족이니까!

군인 가족이라면 꼭 알아야 할 용어 〈성지연〉

군인과 결혼하면 가장 먼저 당황하는 게 바로 군대만의 언어예요. 처음 듣는 말투와 단어들이 마치 다른 세상 얘기 같아, "이게 무슨 뜻이지?" 싶은 순간이 많죠. 나도 처음엔 생소했는데, 하나씩 배우면서 '아~ 이게 이런 거구나' 싶더라구요.

결혼 준비하거나 군인 가족이 된 신부를 위해 정리했어요.

훈련
"이번 주말에 훈련 나가서 못 와."

일반 회사원 같으면 상상도 못 하는 상황이죠. 며칠 동안 집에 못 들어오고, 연락도 잘 안 돼요. 처음엔 삐질 수 있는데, 그냥 군인 생활의 일상이에요.

당직 근무
"오늘 당직이라서 안 들어와."

회사로 치면 '야근' 같은데, 사실은 24시간 근무라서 집에 못

오는 거에요. 하루 정도는 남편 없는 밤을 보내야 한다는 거, 이제는 군인 아내의 기본 코스.

위수 지역 (정식 용어는 외출외박허가구역)

이거 모르면 서운할 수 있어요! 주말에 제주도 여행 가고 싶어도 마음대로 못 가요. 군인마다 지정된 '위수지역'이라는 게 있어서 그 지역을 벗어나려면 허가가 필요해요. 나는 신혼 초에 이거 모르고 삐친 적도 있다니까요. 우리 가족 위수지역 정확히 알기!

연가 & 포상휴가

직장인 연차 같은 '연가'는 1년에 24일을 사용할 수 있어요. 24일 중 10일은 연가보상비로 지급받을 수 있어요. 그래서 보통은 14일만 연가를 사용하고, 10일은 보상비로 받아요.

특별히 잘했을 때 주어지는 '포상휴가'도 있어요. 남편이 갑자기 "이번에 포상휴가 나왔어" 하면 그날부터 여행 계획 짜는 거죠. 이게 또 군인 가족의 소소한 행복!

보직

군대에서 업무하는 직책, 직위를 말해요. 회사로 치면 '영업부 과장' 같은 직책이에요. 군인의 보직은 1~3년 주기로 계속 교체되요. 군인들은 좋은 직책에서 근무하면 진급을 빨리 할 수 있다고 믿고 있어요. 그래서 항상 보직에 대해 고민하고 스트레스를 받는답니다.

평정

군인의 인사평가에요. 일년에 무려 2번이나 평가를 받아요. 근무평정이라고 하는데, 보통은 '평정'이라고 불러요. 매년 봄과 가을에 평가하는 시기인데, 이때 군인들을 일을 많이하기도 하고 예민하기도 한답니다.

지휘추천

군인의 진급은 명예로운 순간이에요. 군인들이 근무하는 부대에서 진급 경쟁자의 서열을 매기는데, 지휘관의 추천 순위가 엄청난 영향을 준다고 해요. 관사에서도 누가 추천을 1순위 받았다는 둥 소문이 무성한데, 웬만하면 아무소리 하지마세요. 아주 감정적으로 예민한 이야기거든요. 결과는 아무도 모르는 거니까 그냥 모른척 하세요.

성과상여금

사실 열심히 근무하지 않는 군인이 어딨겠어요. 그런데도 등급은 무조건 나눠야 해요. 좋은 등급을 받으면 월급의 130%까지 받기도 하고, 낮은 등급을 받으면 월급의 70% 밖에 못받아요. 등급을 못받아도 열심히 고생한 남편을 항상 응원해 줍시다.

군인 가족이라면 누려야 할 혜택 〈성지연〉

군인 가족이니까 누릴 수 있는 게 꽤 많아요. 그런데 모르면 그냥 지나치게 되더라구요. 제가 직접 써보고 경험해본 것들만 알려줄게요.

수당 & 보너스

매달 받는 기본 월급 외에도 '수당'이 붙어. 근무 환경, 직책, 가족 여부에 따라 조금씩 달라지는데, 꼼꼼히 확인해두면 좋아.

설날·추석에 들어오는 '명절 보너스', '정근 수당' '연가보상비' '성과상여금' '시간외근무수당'(초과근무) 등 "이게 진짜 '군인 가족이라면 알아야 할 떡값'이지 뭐야!"

관사 & 전세자금대출

부대 근처에 사는 군인 아파트, '관사'는 집값 부담을 크게 줄여줘요. 만약 관사에 못 들어간다면, 군인 전용 전세자금대출이라는 제도가 있어요.

남편 대위 시절, 우리는 부대 앞 도보 3분 거리 전세집을 이 제도로 구했어요. 현실적인 도움 체감 200%! 부대마다 상황이 다르고, 지역마다 한도가 다르기 때문에 잘 알아보고 이용하기

군인 특별공급 청약

아파트 분양 시 군인에게 일정 물량 특별 공급. [청약홈]에서 확인 가능해요. 10년 이상 복무한 군인을 장기복무로 인정해줘서 장기복무군인으로 1순위를 신청할 수 있어요.

밀리패스 (Millipass)

군인·군무원·군 가족 전용 복지 인증 서비스에요. 쉽게 말해 "군인 가족 인증 앱"이라고 보면 돼죠. 밀리패스 공식 홈페이지 또는 앱스토어에서 "밀리패스" 검색.

밀리패스 로그인만 하면 군 전용 복지몰, 할인 혜택, 문화생활 지원 서비스 등 접근 가능해요. 결혼 후 처음 가입한다면 군인 남편에게 부대에서 국방인사정보체계에 배우자를 등록해야 가입이 승인됩니다.

국군복지포털

생활용품·가전·여행까지 할인 폭 다양. 회원가입 필수, 알림 켜두면 특가 때 득템! 이거 있으니까 꼭 확인하세요! 인터넷에서 검색 후 가입할 수 있어요. 군인 남편 군번 필수로 입력해야 합니다.

복지포인트·제휴 신용카드

연간 포인트와 제휴 카드 혜택으로 생활비·여행비 아낄 수 있어요. 신한카드 등 국군복지포털에서 제휴카드를 신청할 수 있어요.

군인 가족 여러분! 모두 행복하셔야해요!

the end.